Schriften zur
Europäischen Integration und
Internationalen Wirtschaftsordnung

Veröffentlichungen des
Wilhelm Merton-Zentrums für Europäische Integration und
Internationale Wirtschaftsordnung,

herausgegeben von

Professor Dr. Dr. Rainer Hofmann, Universität Frankfurt a. M.
Professor Dr. Stefan Kadelbach, Universität Frankfurt a. M.
Professor Dr. Rainer Klump, Universität Frankfurt a. M.

Band 39

Prof. Dr. Stefan Kadelbach (Hrsg.)

Wettbewerb der Systeme – System des Wettbewerbs in der EU

Nomos

Die Deutsche Nationalbibliothek verzeichnet diese Publikation in der Deutschen Nationalbibliografie; detaillierte bibliografische Daten sind im Internet über http://dnb.d-nb.de abrufbar.

ISBN 978-3-8487-3741-3 (Print)
ISBN 978-3-8452-8052-3 (ePDF)

1. Auflage 2017

Vorwort

Der vorliegende Band versammelt die Beiträge zum XIV. Walter-Hallstein-Kolloquium, das am 19. und 20. März 2015 in den Räumen der Hessischen Landesvertretung bei der Europäischen Union in Brüssel stattfand. Das Kolloquium stand in diesem Jahr unter dem Thema „Wettbewerb der Systeme – System des Wettbewerbs".

War der europäische Bundesstaat noch das Leitbild Walter Hallsteins und anderer Gründerväter der europäischen Integration, gilt er zumindest als rechtliche Organisationsform heute nicht mehr als Option für die Zukunft der Europäischen Union. Das ist, entgegen landläufiger Polemiken gegen das vermeintliche Ziel eines europäischen Superstaates, auch nicht erst seit der Lissabon-Entscheidung des Bundesverfassungsgerichts so. Das schließt es nicht aus, die EU als ein quasi-föderales Gebilde zu betrachten und entsprechende Modelle und Leitbilder heranzuziehen. Ein solches Modell ist der Wettbewerbsföderalismus. Damit sind zunächst Formen des Standort- oder Regulierungswettbewerbs der Rechts-, Wirtschafts- und Sozialordnungen gemeint, die ein wie auch immer verstandenes Gemeinwohlinteresse fördern sollen. Das weitgehend folgenlose Verpuffen der Lissabon-Strategie und der so genannten Offenen Methode der Koordinierung mit ihren durch Kenndaten und Evaluierungen gesetzten Anreizen scheint aber zu belegen, dass es schwierig ist, einen solchen Wettbewerb durch politische Strategien zentral zu lenken. Doch treten infolge der Konkurrenz zwischen den Staaten Effekte ein, die durch das europäische Recht, oft in seiner Auslegung durch den Europäischen Gerichtshof, begünstigt und als Überbietungs- oder Unterbietungswettbewerb um bessere Wachstumschancen gedeutet werden. Beispiele bieten die Förderung von Investitionen durch Steuervergünstigungen und teils erhebliche Gefälle bei Tarifen und Standards auf den Arbeitsmärkten.

Die Beiträge des Kolloquiums wollen sich mit diesen Themen beschäftigen. Sie wenden sich dem Steuerwettbewerb, dem Wettbewerb der Privatrechtsordnungen und den Befürchtungen eines *race to the bottom* im Arbeitsrecht zu. Auch das erst kürzlich beobachtete Phänomen unterschiedlicher, nach Qualifikation abgestufter Freizügigkeitsrechte gehört in diesen Zusammenhang. Der Band will einen Beitrag zu der Diskussion darüber leisten, ob der Wettbewerb der Systeme für Europa ein taugliches normatives Leitbild oder zumindest eine brauchbare Zustandsbeschreibung bietet, oder ob es sich nicht vielmehr um Folgen einer freiheitsbasierten Integration handelt, die durch gemeinsame europäische Rechtsetzung eingefangen werden müssten.

Das Kolloquium wurde durch das Exzellenzcluster 243 „Normative Ordnungen“ der Goethe-Universität Frankfurt ermöglicht, dessen Geschäftsführerin *Dr. Rebecca Schmidt* an dieser Stelle besonderer Dank gebührt. Der Vertretung des Landes Hessen bei der Europäischen Union ist für den organisatorischen Rahmen und die finanzielle Unterstützung zu danken. Gedankt sei auch diesmal *Sascha Gourdet* für die Betreuung des Manuskripts.

Frankfurt am Main, im Herbst 2016

Rainer Hofmann   Stefan Kadelbach   Rainer Klump

Inhaltsverzeichnis

Wettbewerb der Rechtsordnungen?

Stefan Kadelbach

I. Der Binnenmarkt als Wettbewerbsordnung

Wettbewerb ist das konstituierende Element des Europäischen Binnenmarktes. Die Grundfreiheiten sollen dazu beitragen, dass sich die komparativen Vorteile der Anbieter von Gütern durchsetzen und Arbeit und Kapital dort eingesetzt werden, wo sie den größten individuellen und gemeinschaftlichen Nutzen stiften, ohne durch staatliche Abgaben oder andere Hemmnisse behindert zu werden. Über die Einhaltung der Spielregeln wacht nach ordoliberalen Prinzipien die Wettbewerbsaufsicht.[1]

Das Recht ist an Entscheidungen über Angebot und Nachfrage von Gütern und Leistungen zumindest indirekt beteiligt. Der Kauf eines Produktes ist – meist unbewusst – auch eine Entscheidung über die Ursprungsrechtsordnung, die dessen Herstellung ermöglicht und es zugelassen hat. Wer in einem deutschen Geschäft eine Flasche *Cassis de Dijon* statt eines deutschen Johannisbeer-Likörs erwirbt, interessiert sich offensichtlich nicht für den vorgeschriebenen Mindestalkoholgehalt, von dessen Erreichung das deutsche Recht dessen Bezeichnung als „Likör" abhängig macht, wählt also gleichsam mit dem heimischen Produkt die Regeln über dessen Beschaffenheit mit ab.[2] Mit der Wahl eines Produktionsstandortes oder der Gründung einer Gesellschaft geht auch eine Entscheidung über ein Rechtssystem einher, sei es, dass die örtlich geltenden Regeln angenommen werden – oder dass dies gerade nicht geschieht, weil diese durch die Fortgeltung der Herkunftsrechtsordnung oder durch Rechtswahl ausgeschlossen werden.[3] Von diesem indirekten Wettbewerb zur bewussten Strategie ist es nur ein Schritt: Wenn die Grundfreiheiten die Mitgliedstaa-

1 Zur Theoriegeschichte des europäischen Wettbewerbsrechts *Gerber*, Law and Competition in the 20th Century, 1998.

2 EuGH, *Rewe-Zentral-AG/Bundesmonopolverwaltung für Branntwein*, Slg. 1979, 649 („*Cassis de Dijon*").

3 Zur Anerkennung des Herkunftsrechts am neuen Sitz einer Gesellschaft EuGH, *Überseering*, Slg. 2002, I-9919.

ten dazu verpflichten, einmal in Europa zugelassene Produkte oder Gesellschaften im gesamten Binnenmarkt anzuerkennen, so lässt sich dieser Effekt auch im Wege der Rechtsetzung auf Leistungen und Hoheitsakte erweitern, für welche die Mitgliedstaaten sonst im Rahmen der *ordre public*-Klauseln der Grundfreiheiten Ausnahmen vorsehen könnten. In diesem Sinne ist das Anerkennungsprinzip auch bewusst genutzt worden.[4]

Ein Wettbewerb zwischen Rechtsordnungen wird dadurch noch nicht gezielt ausgelöst, solange das primäre Ziel die Verkehrsfähigkeit von Gütern und Leistungen bleibt. Doch handelt es sich zumindest um sekundäre Effekte, wenn das Recht bestimmter Staaten Anpassungsreaktionen anderer Staaten auslöst, um die Ansiedelung von Kapital attraktiver zu machen oder die Abwanderung von Arbeitsplätzen zu vermeiden. Solche Folgen des Binnenmarktes werfen die Frage auf, wie weit es sinnvoll ist, hier überhaupt von einem Wettbewerb zwischen den Rechtsordnungen zu sprechen (nachfolgend II.), welche Rolle er ggf. in der Europäischen Union spielen kann (III.) und welche Effekte er hat, die es zu fördern, hinzunehmen oder zu begrenzen gilt (IV).

II. Wettbewerb zwischen Rechtsordnungen

Wettbewerb wird im Anschluss an *Friedrich August von Hayek* als „Entdeckungsverfahren" bezeichnet, also als Mechanismus, der Wissen erzeugt. Er soll entdecken helfen, welche Dinge Güter, welche Güter knapp und wie wertvoll sie sind und Gelegenheiten, die, wenn sie gefunden werden, auch anderen nutzen.[5] Diese Beschreibung steht in der Tradition der klassischen liberalen Theorie, der zufolge Wettbewerb das Gemeinwohl fördert. Die Pointe dieses Gedankenganges ist es bekanntlich, dass sich diese Förderung des Gemein*wohls* einstellen soll, ohne dass es eines Vertrauens in den Gemein*sinn* bedarf.[6]

---

4 Zur Anerkennung von Berufsqualifikationen *Oppermann/ Classen/ Nettesheim*, Europarecht, 6. Aufl. 2014, § 25 Rn. 26 ff., zur Entsenderichtlinie ebd. Rn. 31.

5 *von Hayek*, Der Wettbewerb als Entdeckungsverfahren, 1968, S. 7 und 14.

6 *Smith*, An Inquiry Into the Nature and Causes of the Wealth of Nations, 1776, hier nach Cannan ed. 1952, bk I, ch. ii; dazu *Nullmeier/ Pritzlaff, Gemeinsinn* durch Konkurrenz, in: Münkler/ Bluhm (Hg.), Gemeinwohl und Gemeinsinn: Zwischen Normativität und Faktizität, 2002, S. 187 ff.

Damit steht die Wettbewerbsidee in gewissem Kontrast zum traditionellen Bild des Staates, die ihn als Garanten des Gemeinwohls gegen Partikularinteressen einsetzt: Eine ungefilterte Übertragung des Wettbewerbsparadigmas verträgt sich nicht mit der demokratisch verfassten Gemeinwohlverantwortung des Staates, der auf Gleichheit und Sozialstaatlichkeit verpflichtet ist. Auch sind Staaten nicht Träger individueller Freiheit, die für eine wettbewerbliche Ordnung zentrale Voraussetzung ist.[7]

Gleichwohl kann das „Entdeckungsverfahren" auch zwischen Staaten wirksam sein. Man spricht von institutionellem oder Systemwettbewerb. Am Anfang steht die Frage nach einer besseren Nutzung finanzieller Ressourcen, die der Staat im Vergleich zum privaten Sektor nicht optimal einsetzen könne.[8] Dieser Einschätzung setzte *Charles Tiebout* die These entgegen, dass im Wettbewerb zwischen Kommunen öffentliche Güter den Präferenzen der Bevölkerung besser angepasst werden könnten. Durch Qualität und Diversifizierung solcher Güter kann danach die Attraktivität von Gemeinden für diejenigen erhöht werden, die zu ihren Präferenzen und Gegebenheiten am besten passen.[9] Dieser Gedanke ist in der Theorie des Fiskal- oder Wettbewerbsföderalismus auf Gliedstaaten innerhalb eines Bundesstaates übertragen worden.[10] Inzwischen werden Staaten in einem globalen wirtschaftlichen Wettbewerb gesehen, in dem es um Wachstumschancen, Investitionen und Wohlstand geht. Wie wirksam diese Idee ist, verdeutlichen Rankings aller Art, die auf Statistiken beruhen und versuchen, eine aus diversen Parametern destillierte Wettbewerbsfähigkeit von Staaten zu messen.[11] Teile der Rechtsordnung gehen regelmäßig in derartige Evaluierungen ein.[12]

---

7 *Kirchhof*, Freiheitlicher Wettbewerb und staatliche Autonomie – Solidarität, ORDO 56 (2005), 39 ff.

8 *Musgrave*, The Voluntary Exchange Theory of Public Economy, QJE 52 (1939), 213 ff.; *ders.*, The Theory of Public Finance, 1959; *Samuelson*, The Pure Theory of Public Expenditures, Rev Ec & Stat 36 (1954), 387 ff.

9 *Tiebout*, A Pure Theory of Local Expenditures, JPE 64 (1956), 416 ff.

10 Zu dieser Möglichkeit schon *Tiebout* selbst (Fn. 9), S. 418 Fn. 9; s. ferner *Oates*, Fiscal Federalism, 1972, S. 12; *Breton*, Competitive Governments: An Economic Theory of Politics and Public Finance, 1999; aus rechtswissenschaftlicher Sicht *Mehde*, Wettbewerb zwischen Staaten: Die rechtliche Bewältigung zwischenstaatlicher Konkurrenzsituationen im Mehrebenensystem, 2005, S. 104 ff.

11 Im „Ease of doing business Ranking" der World Bank Group, Doing Business 2015 – Going Beyond Efficiency (2014), S. 4 steht Deutschland an 14. Stelle von 189, dagegen auf Platz 5 von 144 im Global Competitiveness Index des World

In Deutschland und Europa ist der institutionelle Wettbewerb seit den frühen 90er Jahren zu einer politischen Leitidee geworden. Die Gründe sind vielfältig. Sie passt zu den globalen Trends des New Public Management und der Globalisierung,[13] doch besteht auch eine Koinzidenz mit dem Ziel der Ersparnis finanzieller Ressourcen („Sparpolitik"). Privatisierung und Deregulierung sowie Evaluierungen, *rankings* und „*benchmarks*", die bis zu den schulischen Leseerfolgen von ABC-Schützen reichen, sind Epiphänomene dieser allgemeinen Ökonomisierung. Die Folgen sind tiefgreifend. Gerät der Staat unter der Leitidee einer wie auch immer verstandenen „Effizienz" in ökonomische Rechtfertigungszwänge, verändert dies nicht nur das Bild vom Staat, sondern die Gesellschaft selbst.[14] Der Rechts- und Sozialstaatlichkeit scheint sich eine Art Wirtschaftsstaatlichkeit hinzugesellt zu haben.

Dies alles bleibt für das Recht nicht ohne Folgen. Geht man mit der politischen Ökonomie davon aus, dass das Recht ein öffentliches Gut ist, so wird auch dessen „Bereitstellung" mit der Optik wirtschaftlicher Evaluierungen betrachtet. Die erhofften Vorteile liegen dabei nicht nur in der Innovations- und Leistungsfähigkeit, die sich unter der Abwanderungsdrohung von Kapital und Arbeitsplätzen stetig bewähren soll. „Effizienz" im Sinne eines „schlanken Staates" soll auch eine Bändigung staatlicher Macht zugunsten dezentraler Entscheidungsprozesse bewirken.[15] Das Recht wird einem Ideenwettbewerb ausgesetzt, in dem es sich immer wieder neu vor den Möglichkeiten und Vorteilen fremden Rechts bewähren und fortlaufend evaluieren lassen muss.[16]

Economic Forum, s. Schwab (Hg.), The Global Competitiveness Report 2014-2015, 2014, S. 190.

12 Krit. *Siems*, Statistische Rechtsvergleichung, RabelsZ 72 (2008), 354 ff.

13 *Mehde* (Fn. 10), S. 48 ff., 54 ff.

14 Eine schwer messbare, aber entscheidende Rolle hat der Erfolg des kapitalistischen Wirtschaftsmodells gespielt, dem nach Ende des Kalten Krieges und seiner ideologischen Blockspaltung gleichsam die Konkurrenz abhandenkam. Dass die Ökonomie Züge einer „Ersatzreligion" angenommen hat, konstatiert mit gewisser Berechtigung *Stürner*, Markt und Wettbewerb über alles? Gesellschaft und Recht im Fokus neoliberaler Marktideologie, 2007, S. 144 f., kann hier aber nicht vertieft werden.

15 *Giegerich*, Wettbewerb von Rechtsordnungen, VVDStRL 69 (2010), 57, 61.

16 *Dreher*, Wettbewerb oder Vereinheitlichung der Rechtsordnungen in Europa?, JZ 2009, 105, 110.

Auf einer gewissen Abstraktionshöhe lässt sich die Idee des Wettbewerbsföderalismus mit leichten Abstrichen auf die Europäische Union übertragen.[17] Zwar geht es hier nicht wie im Bundesstaat um die Allokation finanzieller Ressourcen innerhalb eines Herrschaftsverbandes mit einheitlich geregelter Finanzhoheit, so dass Nutznießer der gewonnenen Effizienz nicht der Haushalt der EU sein kann. Doch passt die föderale Analogie insoweit, als sich mit der Idee eines Wettbewerbs der Staaten das Ziel verbindet, die Personen- und Faktormobilität zu erhöhen und damit überhaupt persönliche Freiheit zu vermehren, die dem Marktganzen zugutekommt.[18] Das Besondere daran ist, dass die Prinzipien des Wettbewerbs und gegenseitiger Anerkennung als Integrationskonzept gedacht werden,[19] denen sich vereinheitlichende Wirkungen zuschreiben lassen. Diese Vorstellung eines dezentralen Wettbewerbs als Instrument von Governance kam prominent in der Lissabon-Strategie und der so genannten Offenen Methode der Koordinierung zum Ausdruck.[20]

III. Voraussetzungen eines Wettbewerbs zwischen Rechtsordnungen

Geht man auf einer niedrigeren Abstraktionsebene noch einmal einen Schritt zurück und fragt sich, ob die Marktmetapher auf die Konkurrenz von Rechtsordnungen passt, so erweist sich, dass weitere Einschränkungen am Platze sind. Sie betreffen in abgestuftem Maße Voraussetzungen, Wirkungen und Rahmenbedingungen des Wettbewerbs.

Zunächst setzt ein Systemwettbewerb voraus, dass Recht ein handelbares Produkt darstellt, das „nachgefragt" werden kann.[21] Dabei lassen sich indirekter und direkter Wettbewerb unterscheiden.[22] Indirekt ist der bereits erwähnte Wettbewerb um Produkte und Standorte. Es wird erwartet, dass der Staat ein Recht schafft, das für günstige Produktions- und Investiti-

---

17 *Mehde* (Fn. 10), S. 225 ff., 549 ff.

18 Vgl. *Kadelbach*, Autonomie und Bindung der Rechtsetzung in gestuften Rechtsordnungen, VVDStRL 66 (2007), 7, 34 f.

19 *Kerber*, Wettbewerbsföderalismus als Integrationskonzept für die Europäische Union, Perspektiven der Wirtschaftspolitik 4 (2003), 43 ff.

20 *Schuppert*, Wettbewerb als Instrument von Europäischer Governance, in: Blanke/ Scherzberg/ Wegner (Hg.), Dimensionen des Wettbewerbs, 2010, S. 199-216.

21 *Eidenmüller*, Recht als Produkt, JZ 2009, 641 ff.

22 Vgl. *Kieninger*, Wettbewerb der Rechtsordnungen im Europäischen Binnenmarkt, 2002, S. 12 ff., 46 f.

onsbedingungen sorgt.[23] Im direkten Wettbewerb stehen die Rechtsordnungen, wenn sich die Nachfrageseite durch Rechtswahl oder Rechtsimport zwischen ihnen entscheiden kann.

Im Vordergrund der Diskussion steht zumeist der indirekte Wettbewerb. Dabei werden Rechtsordnungen oder einzelne ihrer Komponenten mit *Albert Hirschmans* Logik von „Abwanderung", „Widerspruch" und „Loyalität"[24] analysiert und erwartete Kausalitäten in die Sprache der Ökonomie übersetzt:[25] Reicht die Einflussnahme auf die Politik („*voice*") nicht weit genug, um Bedingungen zu schaffen oder zu erhalten, die der erfolgreichen Teilnahme von Unternehmen am globalen Wettbewerb günstig sind, kommt es zur Abwanderung („*exit*"), sofern nicht die Transaktionskosten so hoch werden, dass der Verbleib an Ort und Stelle die vernünftigere Option ist („*loyalty*"). Dabei ist in Rechnung zu stellen, dass zu diesen Transaktionskosten nicht nur finanzielle Einbußen, sondern auch der Verlust von Gütern der öffentlichen Infrastruktur wie die Funktionstüchtigkeit der Verwaltung und die Verlässlichkeit der Gerichtsbarkeit gehören.[26] Dem entsprechend sind die Rollen der Angebots- und Nachfrageseite verteilt. Staaten wären die Anbieter, insbesondere ihre Legislativen und ihre Gerichte. Als Nachfrager treten Wirtschaftssubjekte auf. Theoretisch können dies gleichermaßen Unternehmen und Arbeitskräfte sein.

Als weitere Voraussetzungen für einen funktionierenden Wettbewerb treten hingegen die Verfügbarkeit relevanter Informationen und die Freiheit der Wahl hinzu.[27] Beides ist beim Systemwettbewerb zwischen Staaten defizitär ausgeprägt: Zum einen sind sich die Nachfrager meist über die Folgen ihres Handelns nicht ganz im Klaren, weil sie fremde Rechtsordnungen nicht ausreichend überblicken können.[28] Zum anderen sind Arbeitskräfte nicht im selben Maße mobil wie Kapital und im indirekten Systemwettbewerb rechtswahlfähig wie Unternehmen; ein Phänomen, das sich nicht nur in Krisen bemerkbar macht.[29] Bei der Annahme einzelner

---

23 *Kersten*, Wettbewerb der Rechtsordnungen?, in: Isensee/ Kirchhof (Hg.), Handbuch des Staatsrechts Bd. XI, 3. Aufl. 2013, Rn. 26.

24 Klassisch *Hirschman*, Exit, Voice, and Loyalty. Responses to the Decline in Firms, Organizations, and States, 1970.

25 Konsequent durchgehalten von *Kersten* (Fn. 23), passim; Nachw. dort Rn. 3.

26 Vgl. *von Hayek*, Der Weg zur Knechtschaft, 1944, hier nach Ausg. Streit 2004, S. 66 ff.

27 *von Hayek* (Fn. 5), S. 15.

28 Zum Beispiel des Gesellschaftsrechts *Felix Maultzsch*, in diesem Band S. 47ff.

29 Vgl. *Blanke/ Thumfahrt*, Generalbericht, in: Blanke u.a. (Fn. 20), S. 1, 37.

Voraussetzungen des Wettbewerbs ist also mit Blick auf die Systemkonkurrenz Vorsicht geboten. Allerdings gibt es auch im privaten Wettbewerb Märkte, in denen entsprechende Vorbehalte gemacht werden müssen, ohne dass dies das Wettbewerbsparadigma außer Kraft setzen müsste.

Indessen können die intendierten Effekte einer wie immer gearteten Optimierung oder Effizienzsteigerung nur eintreten, wenn die Konkurrenz der Rechtsordnungen auch einen Anpassungsdruck bewirkt. Auch insoweit sind der idealtypisch private und der staatliche Wettbewerb nicht kongruent. Denn während der Erfolg privater Konkurrenten eine Anpassung durch andere Marktteilnehmer wahrscheinlich macht, sind bei der staatlichen Rechtsetzung Faktoren des politischen Prozesses wirksam, die nicht oder nicht allein der Marktlogik unterliegen.

Schließlich muss für einen funktionsfähigen Wettbewerb auch ein rechtlicher Rahmen bestehen, der ihn ermöglicht. Im Recht der EU ist dies in mehrfacher Hinsicht der Fall. Zum einen beteiligt sich die EU selbst als „Anbieter" von rechtlichen „Produkten", mit denen sie zu den Mitgliedstaaten in Konkurrenz tritt, wie dies im Gesellschaftsrecht mit der Societas Europaea (SE) und im Privatrecht mit Vorschlägen für ein europäisches Kaufrecht der Fall ist.[30] Man spricht insoweit von einem vertikalen Wettbewerb.[31] Zum anderen ermöglichen die erwähnten Anerkennungspflichten der Grundfreiheiten und des Sekundärrechts einen horizontalen Wettbewerb, soweit das betreffende Gebiet nicht durch Richtlinien und Verordnungen (Art. 288 AEUV) harmonisiert worden ist. Wie sich insbesondere in der Rechtsprechung zum Gesellschaftsrecht, zur Niederlassungs- und zur Dienstleistungsfreiheit gezeigt hat, wird der horizontale Wettbewerb durch Rechtsprechung des EuGH zu den Grundfreiheiten regelrecht forciert.[32] Das Zusammenwirken vertikalen und horizontalen Wettbewerbs kann solche Effekte verstärken. So begünstigt die Rechtsprechung zur Niederlassungsfreiheit die Inkorporation im Ausland und damit die Vermeidung inländischer ordnungspolitischer Entscheidungen, zugleich bietet die EU mit der SE eine Gesellschaftsform an, die ein so wesentliches Merkmal des deutschen Korporatismus wie die Mitbestimmung nicht kennt.

---

30 *Kersten* (Fn. 23), Rn. 23.

31 *Giegerich* (Fn. 15), S. 78 ff.

32 Siehe den Beitrag von *Bernd Waas*, in diesem Band S. 79 ff.

IV. Intendierte und nicht intendierte Effekte

Damit ist die Frage der intendierten und der nicht intendierten Wirkungen des Wettbewerbs angesprochen. Das Bild ist selten eindeutig, weil die Präferenzen unterschiedlich verteilt sind. Was für die eine Seite eine erwünschte Folge, kann sich für andere negativ auswirken. So mag es im erwähnten Beispiel dem Leitbild vieler europäischer Staaten entsprechen, die Mitbestimmung von Arbeitnehmern an der Unternehmensleitung auszuschließen, während sie für andere von essentieller Bedeutung ist. In der Sache mag es unterschiedliche Ansichten darüber geben. Die Frage ist, ob der – wenn auch durch Rechtsetzung und Rechtsprechung rechtlich eingegrenzte – Wettbewerb das richtige Verfahren ist, um solche Fragen zu entscheiden. Diese Frage wird in verschiedenen Disziplinen auf sehr unterschiedliche Begriffe gebracht.

Teile der Sozialphilosophie sehen im Wettbewerb generell Kräfte wirken, die zu Entsolidarisierung und Verlust des gesellschaftlichen Zusammenhalts führen. Der permanente Anpassungsdruck bewirkt eine Überforderung in der Arbeitswelt, Konzentration auf den unmittelbaren Vorteil, Verlust von Verantwortungsbereitschaft und ethische Verwahrlosung.[33] Wenn alles Markt wird, tritt an die Stelle politischen Denkens Markengläubigkeit und *life-style*; psychologisch dominiert eine unmittelbar auf Bedürfnisbefriedigung gerichtete, infantile Lebenshaltung.[34] Der Typisierung der Identifikationsangebote entspricht danach eine Uniformität von Angebot und Nachfrage und, damit einhergehend, die Entdifferenzierung persönlicher Eigenschaften. Richtet sich solche Kapitalismuskritik schon gegen die allgemeinen Marktmechanismen, so wird man den Staat nicht in der Rolle des Teilnehmers am Marktgeschehen sehen wollen.

Ein daraus ableitbarer, in der Sache rechtswissenschaftlicher Einwand könnte sich auf den Einsatz des Wettbewerbsparadigmas als Ersatzstrategie für regulierende Harmonisierung richten. Ihr scheint das Konzept zu entsprechen, im Entdeckungsverfahren die eine, „effizienteste" Rechtsordnung zu ermitteln, die sich am Ende durchsetzt.[35] Das Ergebnis wäre Entdifferenzierung und Verlust von Vielfalt. Dem steht allerdings die entgegengesetzte Erwartung gegenüber, die sich aus dem Freiheitsdogma der

---

33 *Sennett*, The Corrosion of Character, 1998; s. auch *Stürner* (Fn. 14), S. 128 ff.

34 *Barber*, Consumed! How Markets Corrupt Children, Infantilize Adults and Swallow Citizens Whole, 2007.

35 Vgl. die Ausgangsfrage bei *Kieninger* (Fn. 22), S. 38 ff.

Wettbewerbstheorie ergibt: es komme infolge direkten und indirekten Systemwettbewerbs nicht zu Uniformität, sondern vielmehr zu einer Dezentralisierung, einer pluralistischen Vielfalt staatlicher und autonom privater Normelemente, die importiertes, akteursgebundenes Recht, Rechtswahl, Codes of Conduct, *lex mercatoria* u.v.m. in sich aufnehme.[36] Aus dieser Sicht könnte sich allenfalls das Problem eines dysfunktionalen Pluralismus ergeben, wie er aus der Diskussion um *legal transplants* bekannt ist.[37] Die Divergenz der Erwartungen dürfte dadurch zu erklären sein, dass die vereinheitlichende Wirkung des Wettbewerbs nur eintreten kann, wenn die Präferenzen der Nachfrager hinreichend gleichförmig sind.[38] Ob das der Fall ist, richtet sich nach dem jeweiligen „Markt", wird also je nach Rechtsgebiet unterschiedlich zu bewerten sein. Dem entsprechend differenziert muss auch die Prüfung ausfallen, ob Wettbewerb als Ersatzstrategie für eine Harmonisierung erwünscht oder auch nur geeignet ist.

Ein weiterer Einwand ist immanenter Art und wird als Beschreibung eines Marktversagens formuliert. Im Regulierungswettbewerb setze sich nicht die „beste", sondern diejenige Rechtsordnung durch, die ein Maximum an Externalisierung von Kosten bewirkt, also zu Lasten Nichtorganisierter, Unbeteiligter oder sog. diffuser Interessen geht. Am weitesten reicht die Kritik im Gesellschaftsrecht zurück, wo wohl zuerst der Furcht vor einem *race to the bottom* Ausdruck verliehen wurde.[39] Wenn sie auch als allgemeine Aussage nicht als empirisch unterlegt gelten kann,[40] so ist sie doch für Teile der Rechtsordnung als Bedenken ernst zu nehmen. Insbesondere im Arbeitsrecht werden Befürchtungen vor Sozial- und Lohndumping immer wieder vorgetragen,[41] was dafür spricht, entsprechende

---

36 *Mehde* (Fn. 10), S. 563 ff.; *Kersten* (Fn. 23), Rn. 28 ff.

37 S. Beiträge in Frankenberg (Hg.), Order from Transfer: Comparative Constitutional Design and Legal Culture, 2013.

38 *Kieninger* (Fn. 22), S. 357 f.

39 Zum US-amerikanischen Gesellschaftsrecht das dissenting vote von Richter Brandeis in Louis Ligget Co. v Lee, 288 US 517, 558 f. (1933) („race … of laxity"); vgl. auch BGH, JZ 2000, 903, 904 („race to the bottom") in der Vorlage zur Überseering-Entscheidung (Fn. 3).

40 Monopolkommission, Systemwettbewerb – Sondergutachten Nr. 27 (1998), S. 22 ff.; *Peters*, Wettbewerb von Rechtsordnungen, VVDStRL 69 (2010), 7, 32 ff.

41 *Blanpain*, Thoughts on the Social Purpose of EU Law, in: Giegerich/ Gstrein/ Zeitzmann (Hg.), The EU Between 'an Ever Closer Union' and Inalienable Policy Domains of Member States, 2014, S. 343 ff.

Effekte bereichsspezifisch zu beobachten und ihnen nötigenfalls regulierend zu begegnen.

Alle diese Bedenken führen letztlich auf die Rolle des Verfassungsstaates zurück. Die unzureichend reflektierte und oft kaum mehr beherrschte Freisetzung von Marktkräften kann seine Grundlagen bedrohen:[42] die Demokratie, weil die Macht des Gesetzes abnimmt; die Sozialstaatlichkeit, wenn die Interessen der Schwachen auf der Strecke bleiben; und die Rechtsstaatlichkeit, wenn der Staat bereit scheint, potenten „Nachfragern" durch „informelles", „maßgeschneidertes" Handeln entgegenzukommen. Mit anderen Worten: Entgegen der Annahme der liberalen Wirtschaftstheorie herrscht verbreitete Skepsis, ob institutioneller Wettbewerb dem Gemeinwohl dient. Es besteht eine Spannung zwischen Effizienz und Gerechtigkeit, die Wettbewerb allein nicht auflösen kann.[43]

V. Referenzgebiete

Um es zusammenzufassen: Wettbewerb zwischen den Rechtsordnungen der Mitgliedstaaten ist nicht nur möglich, er ist eine Realität, die sich innerhalb ihm günstiger rechtlicher Rahmenbedingungen entwickelt hat. Er ist eine Ausprägung der leitenden Idee des Binnenmarktes und wird durch dessen Grundfreiheiten ermöglicht und verstärkt. Intendierte wohlstandsmehrende Wirkungen können von Effekten konterkariert werden, die zu Gemeinwohlinteressen in Spannung stehen. Deren Lösung muss Sache des politischen Prozesses sein. Da niemals ganze Rechtsordnungen, sondern immer nur Teile von ihnen in Konkurrenz treten,[44] muss sich auch die Analyse der Effekte und möglicher Gegenmaßnahmen den betreffenden Teilordnungen zuwenden. Die Frage nach der Metaordnung, die sich für die EU stellt, ist also, soweit es nicht um verfassungsrechtliche Prinzipien und die Grundregeln des politischen Prozesses geht, bereichsspezifisch zu beantworten.

Als Referenzbereiche wurden für den vorliegenden Band Rechtsgebiete ausgewählt, für die sich die Frage nach den Folgen eines Systemwettbewerbs mit besonderer Dringlichkeit stellt. Das gelegentlich in diesem Zu-

---

42 *Peters* (Fn. 40), 28 ff.

43 Treffend *Peters* (Fn. 40), 35 f.

44 *Giegerich* (Fn. 15), 71.

sammenhang genannte Umweltrecht[45] ist zwar im Rahmen der ersten Föderalismusreform stellenweise (überwiegend auf Kosten öffentlicher Güter, s. Art. 72 Abs. 3 GG) für den Wettbewerb zwischen den Ländern geöffnet worden, doch ist es im Europarecht ein weitgehend harmonisierter Bereich, für den sich die Frage nach einem Systemwettbewerb derzeit kaum stellt. Anders ist dies im Steuerrecht,[46] im privaten Wirtschaftsrecht[47] und im Arbeitsrecht[48], wo sich auch im Wesentlichen die politische und wissenschaftliche Diskussion um den Systemwettbewerb abspielt. Seltener wird der Wettbewerb der Europäischen Union mit anderen Staaten um qualifizierte Arbeitskräfte betrachtet und die Folgen, die er für die Freizügigkeitsrechte innerhalb der EU hat. Auch ihm ist hier ein Kapitel gewidmet.[49]

So soll dieser Band dazu beitragen, die allgemein üblich gewordene Rhetorik von Markt und Wettbewerb nicht unbesehen zu übernehmen, sowohl den Nutzen als auch die in Kauf genommenen negativen Folgen verschiedener Formen des Systemwettbewerbs bewusster wahrzunehmen und die normativen Grenzen einzuschätzen, die ihm gesetzt sind oder denen er unterliegen sollte.

---

45 *Mehde* (Fn. 10), S. 307 ff.
46 Dazu *Ekkehart Reimer*, S. 21 ff.
47 Dazu *Felix Maultzsch*, S. 47 ff.
48 Dazu *Bernd Waas*, S. 79 ff.
49 Dazu *Anuscheh Farahat*, S. 101 ff.

Rechtssetzungswettbewerb, Rechtsanwendungswettbewerb und ihr Recht: Das Beispiel des Steuerrechts

Ekkehart Reimer

Das Steuerrecht ist eine mehrdimensionale Wettbewerbsordnung. Schon in einem ersten Zugriff lassen sich zumindest vier Wettbewerbsdimensionen unterscheiden: Eine erste Dimension ist das Bemühen miteinander konkurrierender Privater (v.a. der Unternehmen) um eine ceteris paribus möglichst geringe Steuerbelastung, mithin um eine Senkung vermeidbarer Kosten. Die zweite Dimension des Steuerwettbewerbs ist das Ringen zwischen Fiskus und Steuerpflichtigem darum, wer mit Blick auf die „Weggestaltung" einer Steuerbelastung durch erlaubtes (zivilrechtliches) oder verbotenes (und dann i.d.R. strafrechtlich relevantes) Handeln die Nase vorn hat. Drittens ist der Steuerwettbewerb ein Staatenwettbewerb: die Konkurrenz von Hoheitsträgern – einerseits um einen möglichst großen Anteil am Steuergut, andererseits um eine möglichst hohe Attraktivität des Standorts. Und viertens zeigen sich wettbewerbsähnliche Phänomene in der Regulierung dieses Staatenwettbewerbs durch unterschiedliche Akteure (einzelne Hochsteuerstaaten, konkurrierende supra- und internationale Organisationen), zugleich – abstrakter – in der Konkurrenz der Handlungsformen von unilateraler, bilateraler oder multilateraler Abwehr der als unfair angesehenen Praktiken im Rahmen dieses Staatenwettbewerbs.

Der nachfolgende Beitrag beschreibt die Grundstrukturen der Steuerrechtsordnungen, die heute in Deutschland und den anderen Mitgliedstaaten der Europäischen Union anzutreffen sind, und geht dabei auf die erste Wettbewerbsdimension ein (I.). Er skizziert dann die Realität dieser pluralen Ordnung und zeigt – zunächst noch für den geschlossenen Nationalstaat – das Gegeneinander von Staat und Steuerpflichtigen in der zweiten Dimension auf (II.). Sodann fragt er, wie die Mitgliedstaaten und ihre Untergliederungen ihre – rechtlichen oder faktischen – Spielräume gegenwärtig nutzen. Damit sind die Konturen des Staatenwettbewerbs angesprochen (III.), der heute zu einem Wettbewerb der Regulierungsformen und -instanzen wird (IV.). Dabei liegt ein besonderer Akzent auf dem primären und sekundären Unionsrecht.

I. Grundstrukturen

1. Das Steuerrecht: Eingriffsrecht mit Besonderheiten

Auf der Sachebene ist das Steuerrecht gewöhnliches Eingriffsrecht. Es weist aber gegenüber anderen Rechtsgebieten rechtliche und faktische Besonderheiten auf, die für das Verständnis der hier behandelten Wettbewerbsordnungen von Bedeutung sind. In rechtlicher Hinsicht ergeben sich diese Besonderheiten aus den Zwecksetzungen, die dem Steuereingriff zugrunde liegen.

Wichtigster Zweck der Steuer – und damit der Steuergesetzgebung und des Gesetzesvollzugs gleichermaßen – ist der Fiskalzweck: Steuern sind öffentliche Abgaben zur Deckung der staatlichen Ausgaben. Sie werden dem Einzelnen auferlegt, weisen aber keinen konkreten, rechtlich fassbaren oder gar individualisierbaren Konnex zu bestimmten Staatsaufgaben, Staatsausgaben oder staatlichen Leistungen auf. Der Fiskalzweck ist in diesem Sinne maßlos; der Steuereingriff entzieht sich wegen des haushalts(verfassungs)rechtlichen Gesamtdeckungsprinzips einer zweckrelationalen Verhältnismäßigkeitsprüfung. Daraus folgt zweierlei:

Erstens führt das Fehlen eines konkretisierbaren Sachzwecks zu einem weitgehenden Versagen freiheitsrechtlicher Begrenzungen – sieht man von Extremvorgaben wie der Verschonung des Existenzminimums und dem Verbot erdrosselnd-enteignender Eingriffe ab.[1] Partiell wird dieses Defizit durch gleichheitsrechtliche Kontrollen kompensiert: Das Maß des Steuerrechts ist das Gleichmaß. Verfassungsrechtliche Durchschlagskraft hat das Prinzip gleichmäßiger Belastung aller Steuerpflichtigen nach Maßgabe ihrer – gesetzlich zu konkretisierenden – wirtschaftlichen Leistungsfähigkeit. Deshalb ist der Vollzug der Steuergesetze auch Sache einer gebundenen Verwaltung; das Fehlen konkret greifbarer Zwecke lässt jedenfalls für den Vollzug von Fiskalzwecknormen (den typischen Belastungsnormen) kaum Raum für Ermessensentscheidungen. Das verstärkt den verfassungsrechtlichen Befund, dass das Steuerrecht in besonderem Maße aus dem Dictum des demokratischen Gesetzgebers lebt und demokratisch gestaltbar ist.

---

1 Zuletzt BVerfGE 115, 97 (113 ff.) – *Aufgabe der Rechtsprechung zum Halbteilungsgrundsatz.*

Speziell für den Staatenwettbewerb und das Nebeneinander unterschiedlicher staatlicher Steuergläubiger hat das Fehlen eines konkretisierbaren Sachzwecks aber noch eine zweite Konsequenz: Weil und soweit der Zweck jeder dieser Steuern nur darin liegt, dass der jeweilige Steuergläubiger Einnahmen für seinen Haushalt erzielt, kann aus der isolierten Perspektive dieses Gläubigers der Umstand, dass der Steuerpflichtige bereits mit Steuern eines anderen Staates belastet worden ist, keine befreiende Wirkung haben. Das gilt auch innerhalb des hochintegrierten Binnenmarkts. Insbesondere folgt aus den Grundfreiheiten kein Gebot der Vermeidung von Doppelbesteuerung nach dem Herkunftslandprinzip. Immerhin gehen sekundärrechtliche Setzungen im Bereich wichtiger indirekter Steuern, namentlich der Mehrwertsteuer, in diese Richtung: Für die meisten Waren, die ein Endverbraucher, der in einem EU-Staat ansässig ist, in einem anderen EU-Staat erwirbt, fällt nur in dem anderen EU-Staat Mehrwertsteuer (Umsatzsteuer) an; eine erneute Belastung im Ansässigkeitsstaat unterbleibt. Für die direkten Steuern, namentlich die Einkommen- und Körperschaftsteuern, die kommunalen Unternehmenssteuern, aber auch Erbschaft-, Schenkung-, und Vermögensteuern wird Doppelbesteuerung dagegen im Wesentlichen nur durch unilaterale oder bilateralvölkerrechtliche Regelungen vermieden. Darin unterscheidet sich der Steuereingriff also fundamental von den Regulierungseingriffen des (Europäischen) Polizei- oder Wirtschaftsverwaltungsrechts, die – staatenübergreifend – auf ein bestimmtes Sachziel gerichtet sind: Soweit dieses Sachziel durch den Hoheitsakt eines Staats erreicht ist, darf nach Maßgabe des Prinzips gegenseitiger Anerkennung kein anderer Staat mehr tätig werden.

In deskriptiv-faktischer Hinsicht sind zwei weitere Besonderheiten zu ergänzen. Erstens führt das Fehlen eines individualisierbaren Vorteils i.S.e. Leistungs-Gegenleistungs-Konnexes dazu, dass die Steuerpflichtigen praktisch keinen außerrechtlichen, d.h. nicht von der Rechtsordnung selbst hervorgebrachten Anreizen zur Erfüllung ihrer Steuerpflicht ausgesetzt sind. Jeder versucht, seine Steuerbelastung zu minimieren. Das erhöht den Druck auf Dichtigkeit und Umgehungssicherheit der (einzel-)staatlichen Steuerrechtsordnungen.

Die Gewährleistung dieser Umgehungssicherheit ist aber eine enorme legistische und administrative Herausforderung, weil das Steuerrecht – zweitens – enorme Breitenwirkung haben muss, wenn es den Finanzbedarf der öffentlichen Haushalte decken soll. Steuerrecht ist Massenrecht, Steuerverwaltung Massenverwaltung. Die Effektivität staatlicher Mittelbeschaffung und das Gebot der Belastungsgleichheit drängen auf eine möglichst hohe Zahl von Zensiten. Hinterziehungs- und Vermeidungsanreize lassen sich weiter minimieren, wenn die von einer Person zu erbringenden Finanzierungsbeiträge auf mehrere Steuerarten verteilt werden. Dritter Vervielfältiger ist die Zahl der über- oder nebeneinander stehenden Steuergesetzgeber, Steuerbehörden und Steuergläubiger.

Diese rechtlichen und faktischen Herausforderungen haben konkrete Konsequenzen auf die Strukturen des Rechtsgebiets. Das gilt zunächst innerstaatlich: Die vielen Einzelsteuergesetze führen ein Eigenleben; Kodifikationen oder auch nur vor die Klammer gezogene Abstraktionen bei der Begriffsbildung (wie sie für Deutschland in der Abgabenordnung von 1919 angelegt sind)[2] werden seltener. Exemplarisch stehen hierfür der Niedergang der Bedeutung des Bewertungsgesetzes und die Fragmentierung von Bewertungsregeln zwischen und innerhalb der Einzelsteuergesetze. Diese zentrifugalen Kräfte zeigen sich aber auch in Auskoppelungen von Privilegien in versteckte Abschnitte der Einzelsteuergesetze oder sogar in arkane, oft unverfänglich bezeichnete Sondergesetze, auf die die jeweiligen Stammgesetze (namentlich EStG und KStG) nicht hinweisen und die nur hochspezialisierten Fachleuten bekannt und vertraut sind.[3]

Diese antikodifikatorischen (Zentrifugal-)Kräfte verstärken sich dadurch, dass die Steuergesetze durch außerfiskalische (sog. Sozial-) Zwecke aufgeladen werden: durch Umwelt- und Klimaschutz, Kulturgüterschutz, durch die Förderung von Forschung und Entwicklung, von privater Altersvorsorge oder gemeinnützigem Handeln, durch die Bekämpfung von Korruption und Geldwäsche und durch viele weitere Lenkungszwecke. Mit der Ausdifferenzierung des Rechtsstoffs steigen die Anforderungen an die Rechtsanwender, staatlicherseits an behördliche und gerichtliche Ressourcen und seitens der Steuerpflichtigen an Zeitaufwand, Rechtsberatungs- und Rechtsbefolgungskosten. Zugleich eröffnen sich zu-

---

2 Etwa §§ 3-15 AO.

3 Vgl. die unauffällig untergebrachten Regelungen mit mehreren, je für sich und in ihrer Kumulation außerordentlich großzügigen Begünstigungen für Unternehmen der Forstwirtschaft in §§ 34, 34b EStG, §§ 51, 68 EStDV; §§ 3 ff. ForstSchAusglG (ausführlich hierzu *Graf Nesselrode*, Ertragsbesteuerung der Land- und Forstwirtschaft in Europa, 2009, S. 205 ff.; und *Reimer,* FR 2011, 929 ff.). Bemerkenswert auch die Privilegien der Hochseeschifffahrt: neben der sog. Tonnagebesteuerung (§ 5a EStG) namentlich die geplante Regelung, dass die von der Heuer einbehaltene Lohnsteuer nicht an das Finanzamt abzuführen ist, sondern dem Reeder verbleibt: § 52 Abs. 40a (sic) EStG i.d.F. des Entwurfs eines Gesetzes zur Änderung des Einkommensteuergesetzes zur Erhöhung des Lohnsteuereinbehalts in der Seeschifffahrt, BT-Drs. 18/6679.

nehmende Umgehungsmöglichkeiten, denen der Gesetzgeber wiederum mit verfeinerten Belastungsnormen (Missbrauchsverhinderungsnormen) und/oder verfahrensrechtlichen Zusatzanforderungen (umfangreichen Anzeige- und Dokumentationspflichten) begegnet. Darin liegt ein kaum zu durchbrechender Teufelskreis. Die ständige Zellteilung und Selbstvermehrung liegen im Genom des modernen Steuerrechts.

Komplexitätserhöhend hat sich schließlich die zunehmende Europäisierung und Internationalisierung der Märkte ausgewirkt. Selbst wenn man zunächst die spezifischen Phänomene eines Steuerwettbewerbs ausblendet, bleibt die Abstimmung des nationalen Steuerrechts auf supra- und internationale Herausforderungen dominant. Das zeigt sich äußerlich in der Zunahme an Rechtsquellen. Es gibt eigene Querschnittsgesetze, in früheren Zeiten das Auslandsinvestitionsgesetz,[4] das Entwicklungsländersteuergesetz,[5] eigene Grenzgängergesetze, heute v.a. das Außensteuergesetz. Daneben treten zahlreiche Regelungen in Buchstabenparagraphen des EStG und anderer Steuergesetze.

In den letzten Jahren hat sich ein weiterer Treibsatz entwickelt, der zunächst auf völker-, sodann auf unionsrechtlicher und inzwischen auch auf innerstaatlicher Ebene für zahlreiche weitere Vorschriften zur Missbrauchsvermeidung und zur normativen Abdichtung des Internationalen Steuerrechts führt: das Programm von G20 und OECD zur Eindämmung von Gewinnverkürzung und Gewinnverlagerung (*base erosion and profit shifting* – BEPS). Von diesem Programm gehen gegenwärtig und in den nächsten Jahren zahlreiche Impulse für die Steuergesetzgebung, die Steuerrechtsetzung auf Unionsebene und die Ausgestaltung der bilateralen Doppelbesteuerungsabkommen aus. Ihre Konturen sind bereits deutlich erkennbar.[6] Den entscheidenden rechtserheblichen Schritt zur Umsetzung

---

4 Gesetz über den Vertrieb ausländischer Investmentanteile und über die Besteuerung der Erträge aus ausländischen Investmentanteilen (Erster Teil des Gesetzes über den Vertrieb ausländischer Investmentanteile, über die Besteuerung ihrer Erträge sowie zur Änderung und Ergänzung des Gesetzes über Kapitalanlagegesellschaften) v. 28.7.1969, BGBl. I 1969, 986.

5 Gesetz über steuerliche Maßnahmen zur Förderung von privaten Kapitalanlagen in Entwicklungsländern (EntwLStG) v. 13.2.1975, BGBl. I 1975, S. 493 i.d.F. der Bekanntmachung v. 21.5.1979, BGBl. I 1979, S. 564. Zu diesem Gesetz *Sturm*, Das neue Entwicklungsländer-Steuergesetz, WM 1979, 1230 ff.

6 Deutschsprachige Überblicke bei *Valta,* Base Erosion and Profit Shifting: Die jüngsten Diskussionsentwürfe der OECD zum BEPS-Projekt. Teil 1, ISR 2014, 176 ff.; *ders.*, Base Erosion and Profit Shifting: Die jüngsten Diskussionsentwür-

der OECD-Empfehlungen und der darauf beruhenden politischen Entscheidungen soll ein multilaterales Übereinkommen bringen, dessen Entwurf Ende 2016 veröffentlicht sowie beraten werden soll und ab 2017 zur Unterzeichnung aufliegt.[7]

2. Vielfältiger Steuerdruck

Steuern sind Kosten. Vor allem im unternehmerischen Bereich dämpfen sie betriebliche Investitionen und Gewinne. Das gilt allerdings nicht, soweit der eigentliche Steuerpflichtige die Belastung auf Dritte, typischerweise seine – unmittelbaren oder mittelbaren – Vertragspartner, namentlich Endverbraucher abwälzen kann. Beliebte Beispiele für eine Abwälzbarkeit sind aus rechtlicher, durchaus aber auch aus ökonomisch-empirischer Sicht die Umsatzsteuer und die Lohnsteuer. Bei allen rechtlichen Unterschieden ist beiden gemeinsam, dass die Zahllast im Staat-Bürger-Verhältnis das Unternehmen trifft, obwohl die Steuern normativ einen Dritten treffen sollen: Im Fall der Umsatzsteuer zeigt sich schon an dem gesonderten Ausweis in der Rechnung und dem Abzug der sog. Vorsteuer, dass eigentlicher Steuerträger der Endverbraucher sein soll. Im Fall der Lohnsteuer wird die Steuer sogar normativ dem Arbeitnehmer zugerechnet; sie ist in vollem Umfang Vorauszahlung auf dessen persönliche Einkommensteuer. Entsprechende Effekte waren für Deutschland unter Geltung des Körperschaftsteueranrechnungsverfahrens von 1977 bis 2000 zu beobachten, das deutschbeherrschten Kapitalgesellschaften Anreize zur Vermeidung der Körperschaftsteuer nahm: Zahlten sie Körperschaftsteuer, verminderte sich zwar der verbleibende Gewinn nach Steuern; die in Deutschland ansässigen Aktionäre kamen aber in gleicher Höhe in den Genuss eines Anrechnungsguthabens.

---

fe. Teil 2: Herausforderungen der digitalisierten Wirtschaft, ISR 2014, 214 ff.; *ders.*, Base Erosion and Profit Shifting: Die jüngsten Diskussionsentwürfe. Teil 3: Hybride Gestaltungen, ISR 2014, 249 ff.; *Benz/Böhmer*, Der aktuelle Stand der steuerpolitischen Vorhaben der G20, IStR 2015, 380 ff.; und *van Lück*, BEPS-Abschlussberichte der OECD/G20 im Überblick, IWB 2015, 758 ff.

7 Hierzu *OECD/G20 Base Erosion and Profit Shifting Project,* Developing a Multilateral Instrument to Modify Bilateral Tax Treaties. Action 15: 2015 Final Report, 2015; *Reimer,* Das Multilaterale Übereinkommen (BEPS-Maßnahme Nr. 15) als Instrument einer flexiblen Anpassung der bestehenden DBA, IStR 2015, 1 ff.

Tatsächlich sind die Preise aber oft elastischer, als es den jeweiligen rechtlichen Leitbildern entspricht. Leitende Angestellte handeln in grenzüberschreitenden Fällen oft sog. Nettolohnvereinbarungen aus. In diesen Fällen erlangt der Arbeitgeber ein eigenes finanzielles Interesse an einer Vermeidung der Lohnsteuer des Arbeitnehmers. Bei der Umsatzsteuer zeigen sich ebenfalls immer wieder Abweichungen von einer Vollüberwälzung; das wird insbesondere bei Steuererhöhungen deutlich.[8] Die damit aufgeworfene Frage nach der Steuerinzidenz hat deshalb in Steuergeschichte und –gegenwart große Aufmerksamkeit gefunden.[9]

Der horizontale Wettbewerb zwischen Unternehmen mit ähnlichen Märkten führt dazu, dass das Unternehmen umso mehr nach einer Vermeidung der Steuerbelastung trachtet, je geringer die Überwälzungseffekte sind. Dazu hat v.a. die Vertragsgestaltung wirksame Instrumente entwickelt: Rechtsanwälte, Steuerberater und Lohnsteuerhilfevereine verpflichten sich, die Mandanten „steueroptimal" zu beraten; unterlassen sie schuldhaft Hinweise auf Möglichkeiten zur legalen Steuervermeidung, setzen sie sich Haftungsansprüchen aus. Unternehmensintern werden ähnliche Anreizstrukturen etabliert. Die Steuerabteilungen werden als *profit center* geführt; die Boni der Leiter und Mitarbeiter der Steuerabteilungen sind umso höher, je geringer die Steuerquote des Unternehmens ist. Insgesamt entlädt sich also der Spardruck primär in der zivilrechtlichen Vertragsgestaltung. Im Rahmen des rechtlich Zulässigen wird die Vertragsgestaltung im operativen Geschäft, vor allem aber bei Umstrukturierungen an steuerlichen Vorgaben ausgerichtet. Parallel dazu bemühen sich die Unternehmen, Unternehmensverbände und Dachverbände auf dem rechtspolitischen Parkett um die Milderung der Steuerbelastung, denen die Unternehmen ausgesetzt sind.

---

8 Etwa an dem Slogan „Die MwSt-Erhöhung übernehmen wir für Sie!"

9 Aus der ökonomischen Literatur statt aller *Kitschler*, Entwicklungslinien der neueren Steuerinzidenzlehre. Ein Abriss ihrer Entfaltung seit den zwanziger Jahren, 1965; *Folkers*, Wer wird durch Steuervergünstigungen eigentlich begünstigt? Zu einem Problem der materiellen Steuerinzidenz, FinArch 46 (1988), 214 ff.; *Spoerer,* Steuerlast, Steuerinzidenz und Steuerwettbewerb. Verteilungswirkungen der Besteuerung in Preußen und Württemberg (1815–1913), 2004; *ders.*, The Laspeyres-Paradox: tax overshifting in nineteenth century Prussia, Cliometrica 2008, 174. Juristische Reflexionen z.B. bei *Elicker,* Entwurf einer proportionalen Netto-Einkommensteuer, 2004, S. 173 ff.; *Englisch,* Die duale Einkommensteuer – Reformmodell für Deutschland? ifst-Schrift 432, 2005, S. 114 ff.

Gegenläufig drängt der Finanzbedarf der öffentlichen Hand auf ein gleichmäßiges Steueraufkommen in der Zeit. Das gilt insbesondere mit Blick auf die zunehmenden rechtlichen Beschränkungen anderweitiger Möglichkeiten der Staatsfinanzierung – der Einführung oder Erhöhung nichtsteuerlicher Abgaben, der nichtmonetären Inanspruchnahme Privater oder weiterer staatlicher Kreditaufnahmen. Gleichheitsgewährleistungen treten hinzu: Gesetzlich eingeräumte oder durch einen „gelockerten Vollzug“ herbeigeführte Vergünstigungen für Unternehmen bedürfen verfassungsrechtlicher Rechtfertigung vor dem allgemeinen Gleichheitssatz. Soweit die Vergünstigungen selektiv sind, sich also auf einzelne Unternehmen oder Gruppen von Unternehmen beschränken, stoßen sie zugleich an die unionsrechtlichen Grenzen des Beihilfenverbots.

3. Subjektivierung: Anspruch auf Wettbewerbsgleichheit

Konkret wird der Charakter des Steuerrechts als Wettbewerbsordnung im Verhältnis der miteinander konkurrierenden Privaten in den Neutralitätsgewährleistungen, die das Steuerrecht prägen. Einfachgesetzlich ist primär die eingangs genannte Verknüpfung einer strengen Tatbestandsbindung mit dem grundsätzlichen Fehlen von Ermessensspielräumen der Verwaltung zu nennen.[10] Das abstrakt-generelle Gesetz zielt auf Gleichheit in der Zeit und in der Fläche. Der Gesetzgeber unterliegt seinerseits gleichheitsrechtlichen Bindungen, die sich namentlich aus dem allgemeinen Gleichheitssatz, den besonderen Gleichheitssätzen und ihrer bereichsspezifischen Ausprägung als Gebot der Besteuerung nach der wirtschaftlichen Leistungsfähigkeit ergeben. Für den grenzüberschreitenden Fall treten Diskriminierungsverbote (Grundfreiheiten, Art. 24 OECD-MA) hinzu.

Prozessual sind die Neutralitäten durch das Recht zu Einspruch und Anfechtungsklage und die besonderen Regelungen des Art. 267 AEUV gut abgesichert, soweit einzelne Steuerpflichtige diskriminiert werden. Wo umgekehrt einzelne Steuerpflichtige auf Rechtsetzungsebene übermäßig entlastet werden, stellen sich die – in zahlreichen verfassungsgerichtlichen Verfahren der letzten 30 Jahre virulenten – Fragen nach dem passenden Verfahrensgegenstand im Verfassungsbeschwerdeverfahren oder im Verfahren der konkreten Normenkontrolle. Wo ungerechtfertigte Begünsti-

10 S. oben 1.

gungen auf Rechtsanwendungsebene gewährt werden, fehlen sogar – jedenfalls nach bisheriger Rechtsprechung – fast durchgehend Möglichkeiten einer Konkurrentenklage. Hier liegen erkennbare Neutralitätsdefizite.

II. Das Staat-Bürger-Verhältnis: Missbrauch und Missbrauchsabwehr

Der zweite Wettstreit, der Recht und Wirklichkeit der Besteuerung in hohem Maße prägt, betrifft das Verhältnis zwischen Fiskus und Steuerpflichtigem um die Grenzen legaler Steuergestaltung. Sobald der Verwaltung – durch Betriebsprüfungen, Publikationen oder Indiskretionen – Steuersparmodelle bekannt werden, reagiert sie darauf in koordinierter Weise: oft zunächst durch Anweisungen zur Auslegung des geltenden Rechts, notfalls der allgemeinen Missbrauchsabwehrvorschrift des § 42 AO, sodann durch Gesetzesinitiativen.

Die Steuerpflichtigen bessern dann nach: bisherige Vertragsgestaltungen werden durch neue, oft noch feiner strukturierte ersetzt; sie können gezielt knapp neben den Tatbestand einer neuen spezialgesetzlichen Missbrauchsabwehrnorm gesetzt werden. Deutsche Ableger US-amerikanischer Kanzleien lassen sich durch den Blick in die noch feiner ausziselierte Missbrauchsabwehrgesetzgebung der USA oder der Niederlande zu neuen Gestaltungen inspirieren, für die Deutschland noch keine Missbrauchsabwehrnormen vorhält: Eine neue Runde des Spiels beginnt.

Zentrale normative Stellschraube für die Frage, welche Seite die Nase vorn hat, sind die verfassungsrechtlichen Bestimmtheitsanforderungen und die Rückwirkungsverbote. Je strenger die Rechtsprechung diese Grundsätze anwendet, desto leichter wird die Steuerplanung; je geringere Bindungen sie diesen Grundsätzen entnimmt, desto ungebundener ist die Betriebsprüfung – und desto mehr nehmen die Steuerpflichtigen die Ergebnisse der Betriebsprüfung als willkürlich wahr. Einen schonenden Ausgleich könnte eine dynamische Auslegung von § 42 AO bringen, die sich an eine im Umgang mit der polizeilichen Generalklausel entwickelte Methodik anlehnt:[11] Die Generalklausel darf verfassungskonform nur ange-

---

11 M.w.N. *Reimer,* Tax Avoidance Revisited: Exploring the Boundaries of Anti-Avoidance Rules in the EU BEPS Context. National Report Germany, in: Tax Avoidance Revisited. European Association of Tax Law Professors International Tax Series (EATLP) Bd. 15 (in Vorbereitung für 2017); Entwurfsfassung: http://ssrn.com/abstract=2780120 (zuletzt eingesehen am 15.9.2016).

wendet werden, wo dem Gesetzgeber ex ante keine höhere Bestimmtheit abverlangt werden konnte, weil ihm die steuermindernde Gestaltung nicht bekannt war. Bleibt der Gesetzgeber dagegen in Kenntnis einer Gestaltung untätig, obwohl er die Abwehr dieser Gestaltung gesetzlich hätte regeln können, kann er sich nicht länger auf der Generalklausel ausruhen; die Möglichkeit einer bestimmteren Regelung sperrt für künftige Rechtsanwender den Rückgriff auf die Generalklausel.[12]

III. Zwischenstaatlicher Steuerwettbewerb

Mit der dritten Dimension gerät endgültig das Unionsrecht in den Blick. Die Mitgliedstaaten stehen untereinander, erst recht aber mit wichtigen Drittstaaten im Wettstreit um die für Private günstigsten Rechtsregeln. Dieser Wettstreit findet Vorbilder in der innerbundesstaatlichen Steuerautonomie.[13] Er trägt die Züge eines Staatenwettbewerbs: Durch *voice* und *exit* der Privaten werden die Staaten zu möglichst freiheitsschonenden Regelungen angehalten. Quer durch alle drei Gewalten werden deshalb Bemühungen der Staaten um Unternehmensansiedlungen, um qualifizierte oder auch billige Arbeitskräfte und um private Infrastrukturinvestitionen erkennbar.[14]

---

12 Statt aller *Hensel,* Zur Dogmatik des Begriffs „Steuerumgehung" in: Bonner Festgabe für Ernst Zitelmann, 1923, S. 217–288 (265 ff.); wieder abgedruckt in: *ders.,* System des Familiensteuerrechts und andere Schriften, 2000, S. 303-355 (336 ff.).

13 Statt aller *Nücken,* Nationaler Steuerwettbewerb. Eine rechtsvergleichende Analyse des bundesstaatlichen Steuerwettbewerbs in der Schweiz, den Vereinigten Staaten von Amerika und der Bundesrepublik Deutschland, 2013; und Bizioli/Sacchetto (Hrsg.), Tax Aspects of Fiscal Federalism. A Comparative Analysis, 2011.

14 Aus der umfangreichen Literatur *Runge,* Wettbewerb nationaler Steuerrechte, in: Unternehmen Steuern. FS Hans Flick, 1997, S. 957 ff.; *Lehner,* Wettbewerb der Steuersysteme im Spiegel europäischer und US-amerikanischer Steuerpolitik, StuW 1998, 159 ff.; *Schön,* Der „Wettbewerb" der europäischen Steuerordnungen als Rechtsproblem, in: DStJG Bd. 23, 2000, S. 191 ff. = *ders.,* Tax Competition in Europe – the legal perspective, in: EC Tax Review 2000, 90 ff.; *H.-J. Selling,* Deutschland im Steuerwettbewerb der Staaten – Einige steuerpolitische Überlegungen, IStR 2000, 225 ff. und die Beiträge in Sieker (Hrsg.), Steuerrecht und Wirtschaftspolitik, DStJG Bd. 39, 2016.

Diese Bemühungen gehen aber in unterschiedliche Richtungen. Es gibt Effekte eines *race to the bottom*. Aus fiskalischen Gründen setzen die Staaten alles daran, Begünstigungen möglichst effizient auszugestalten: Sie setzen immer stärker dort an, wo dem Fiskus durch Steuersenkungen keine Kollateralschäden entstehen. Weil Estland oder Irland über lange Jahre kein nennenswertes eigenes Körperschaftsteueraufkommen hatten, konnten und können sie mit kompetitiv niedrigen Körperschaftsteuersätzen ausländischen Unternehmen hochwirksame Anreize bieten. Im Übrigen weichen Senkungen des allgemeinen Steuerniveaus nach Art der *Reagonomics* moderneren, zielgenauen Begünstigungen, mit denen der Staat isolierte Anreize für neue Investoren setzt. Typischerweise wird dagegen das immobile und das bereits vorhandene Steuersubstrat ausgespart, sein Abwandern sogar durch ein *ring fencing* unterbunden.

Der Blick auf die rechtlichen Instrumente offenbart ein breites Spektrum von Regelungsoptionen. Ein erster Ansatzpunkt ist die Ausgestaltung der persönlichen Steuerpflicht einer natürlichen oder juristischen Person. Das zeigt schon das Beispiel der Einkommensbesteuerung. Im Kern verwenden heute – mit geringen Abstrichen bei einigen lateinamerikanischen Staaten – alle Steuergesetzgeber den Dualismus von unbeschränkter und beschränkter Steuerpflicht. Die unbeschränkte Steuerpflicht löst regelmäßig eine Besteuerung des Welteinkommens aus; wer in einem Staat dagegen nur beschränkt steuerpflichtig ist, unterliegt dagegen nur mit seinen inländischen Einkünften der (dortigen) Einkommensteuer.[15] Von zentraler Bedeutung ist hier die Frage, an welche Merkmale der persönliche Status mit den genannten Rechtsfolgen anknüpft. Besonders weit ist der Kreis der unbeschränkt Steuerpflichtigen in den USA gezogen: Neben den dort Ansässigen unterliegen auch US-Bürger, die nicht in den USA ansässig sind, dem Welteinkommensprinzip des US-amerikanischen Einkommensteuerrechts.[16] Trotz der Größe und des geographischen Selbststandes der USA wird diese Besteuerung auf Basis der Staatsangehörigkeit inzwi-

15 Überblick bei *Lehner/Reimer*, Source and Residence – New Configuration of Their Principles. National Report Germany, in: Cahiers de Droit Fiscal International (CDFI) Bd. XCa (2005), 311 ff.

16 *M. S. Kirsch*, Taxing Citizens in a Global Economy, NYU L. Rev. Bd. 82 (2007), 443 ff.; *ders.*, Revisiting the Tax Treatment of Citizens Abroad – Reconciling Principle and Practice, in: Florida Tax Rev. Bd. 16 (2014), 117 ff., online abrufbar unter: http://ssrn.com/abstract=2346458 (zuletzt eingesehen am 15.9.2016); *Mason*, Citizenship Taxation, in: Southern California Law Review Bd. 89 (2016), 169 ff.

schen als Nachteil im globalen Wettbewerb um vermögende oder einkommensstarke natürliche Personen begriffen.[17] Die überwältigende Mehrheit der Staaten verzichtet dagegen – Deutschland seit Ende des 19. Jahrhunderts[18] – auf eine unbeschränkte Steuerpflicht aller Staatsangehörigen.[19] Das Vereinigte Königreich beschränkt die unbeschränkte Steuerpflicht sogar auf diejenigen, die sowohl im Vereinigten Königreich ansässig als auch dort beheimatet (*domiciled*) sind; wer nur ansässig (*resident*), aber im Ausland beheimatet ist, braucht die nicht in das Vereinigte Königreich überwiesenen Einkünfte dort nicht zu versteuern.[20] Die Volksrepublik China suspendiert – ebenfalls nach dem Vorbild einzelner europäischer Staaten – für aus dem Ausland zuziehende *expatriates* für fünf Jahre nach dem Zuzug die unbeschränkte Steuerpflicht, gewährt also sog. *tax holidays*.[21]

Empirisch spricht vieles dafür, dass das Welteinkommensprinzip auch im Bereich der Körperschaftsteuer erodiert. Ein wichtiger Auslöser der BEPS-Diskussion[22] war die Beobachtung, dass gerade die großen Industriestaaten – primär die USA, aber z.B. auch Deutschland – der Besteuerung ausländischer Einkunftsteile ansässiger Unternehmen keine Priorität mehr einräumen. Perspektivisch könnte eine rechtsgeschäftsscharfe Zu-

---

17 *Mason* (Fn. 16), S. 223 ff.

18 S. die differenzierte Regelung in § 1 Nr. 1 PrEStG v. 24.6.1891; vgl. auch bereits § 1 des Gesetzes des Norddeutschen Bundes wegen Beseitigung der Doppelbesteuerung v. 13.5.1870; und *[von] Schanz*, Zur Frage der Steuerpflicht, FinArch 9 (1892), 1 ff. (30). Anders etwa noch § 16 des Preußischen Gesetzes über die klassifizirte Einkommensteuer v. 1851.

19 Skeptisch zu Ausdehnungen aus französischer Sicht *Kallergis,* Citizenship and Taxation in France, in: European Taxation 2015, 196 ff.

20 § 644 Income Tax Act 2007. Hilfreiche Erläuterungen bei *HM Revenue and Customs,* Guidance Note: Residence, Domicile and the Remittance Basis (2016), S. 55 ff., https://www.gov.uk/government/uploads/system/uploads/attachment_data/file/528018/RDR1-residence-domicile-remittance.pdf (zuletzt eingesehen am 15.9.2016).

21 *CCH/Deloitte,* China Master Tax Guide 2008/09, 6. Aufl. (2008), S. 210, 8-340; aus empirischer Sicht *Hung Chan and Phyllis Lai Lan Mo,* Tax Holidays and Tax Noncompliance: An Empirical Study of Corporate Tax Audits in China's Developing Economy, in: The Accounting Review Bd. 75 (2000), S. 469 ff. Allgemein demnächst *Nagel-Müller,* Zuzugsbesteuerung natürlicher Personen – Rechtsvergleichende Analyse und steuerpolitische Strategien (Diss. jur. Heidelberg 2016; Veröff. in Vorbereitung).

22 Oben Fn. 6.

ordnung einzelner Gewinnbestandteile dem Ansässigkeitsprinzip auch normativ den Rang ablaufen.[23]

Für den Bereich der beschränkten Steuerpflicht muss der Gesetzgeber durch sog. Quellenregeln (*source rules*) bestimmen, welche Einkünfte „inländisch" sind. Auch hier offenbart der Rechtsvergleich eine bemerkenswerte Bandbreite an Regelungsoptionen, die sich an drei Beispielen verdeutlichen lässt:

- Für Unternehmensgewinne hat sich das sog. Betriebsstättenprinzip durchgesetzt: Während der flüchtige Kontakt eines Steuerpflichtigen mit einem ausländischen Staat (etwa durch das Versenden von Waren dorthin oder das kurzfristige Erbringen von Dienstleistungen in diesem Staat) dort noch keine Einkommensbesteuerung auslöst, soll die Begründung einer Betriebsstätte zu einer Besteuerung der dieser Betriebsstätte zuzuordnenden Einkunftsbestandteile im Betriebsstättenstaat führen. Dadurch erlangt die Bestimmung des Begriffs „Betriebsstätte" zentrale Bedeutung. Soweit die Staaten sich allein von fiskalischen Interessen leiten lassen, setzen typische Exportstaaten wie Deutschland im Interesse eines Verbleibs des Besteuerungsrechts im Ansässigkeitsstaat des Steuerpflichtigen (typischerweise Deutschland) die Schwelle hoch an.[24] Die Entwicklungs- und Schwellenländer treten dagegen für einen niederschwelligen Betriebsstättenbegriff, die Einbeziehung auch kurzzeitiger Baustellen, Montagen und sogar nachhaltiger Dienstleistungen im Quellenstaat in den Betriebsstättenbegriff ein[25] oder fahnden danach, ob die Existenz einer örtlichen Tochter- oder Enkelgesellschaft sich für die Konzernmütter betriebsstättenbegründend auswirken könnte.[26] Unter dem Paradigma des Steuerwettbewerbs können sich dagegen die Regelungspräferenzen verändern. Ein Entwicklungsland, das sich um ausländische Infra-

---

23 *Cerioni*, The New "Google Tax": The "Beginning of the End" for Tax Residence as a Connecting Factor for Tax Jurisdiction?, in: European Taxation 2015, 185 ff.

24 Innerstaatlich § 12 AO, abkommensrechtlich *BMF,* Deutsche DBA-Verhandlungsgrundlage v. 22.8.2013, IV B 2 – S 1301/13/10009, Art. 5. Aus der Literatur statt aller *Huili Wang & Schrepfer*, Germany, in: Reimer/Schmid/Orell (Hrsg.), Permanent Establishments. A Domestic Taxation, Bilateral Tax Treaty and OECD Perspective, 5. Aufl., 2016, § 8.03 Rn. 28 ff.

25 M.w.N. *Reimer,* in Reimer/Schmid/Orell (Hrsg.) (Fn. 24), OECD MC, Part 2 Rn. 223 ff., 237 ff., 416 ff.

26 Ausführlich *Roth,* Konzerngesellschaft als Betriebstätte, 2016, v.a. S. 397 ff., 443 ff.

strukturinvestitionen bemüht, wird die Betriebsstättenschwelle anheben; ein auf Exportförderung bedachter Industriestaat, der – wie Deutschland – die ausländischen Betriebsstättengewinne heimischer Unternehmen freistellt, ermöglicht diesen Unternehmen durch eine Absenkung der abkommensrechtlichen Betriebsstättenschwelle, im ausländischen Quellenstaat zu denselben (günstigen) Bedingungen zu investieren wie dort ansässige Unternehmen (sog. Kapitalimportneutralität).

- Typische Kapitalimportstaaten können Devisen anlocken, indem sie in das Ausland abfließende Zinsen gebietsfremder Steuerpflichtiger nicht besteuern. Traditionell folgt auch Deutschland dieser Strategie. Der Katalog der sog. „inländischen Einkünfte“ (§ 49 Abs. 1 EStG) führt deshalb schlichte Zinseinkünfte aus deutschen Quellen nicht auf. Das Europäische Recht hat dieses Modell mit der alten Zinsrichtlinie aufgegriffen und zu einem gemeineuropäischen Grundsatz gemacht. [27] Wie problematisch diese Regelung gerade im Binnenmarkt ist, zeigt ein Vergleich mit der Besteuerung von Dividenden: Sie unterliegen regelmäßig der vollen Besteuerung im Quellenstaat. Damit wird – jedenfalls in der isolierten Betrachtung nur der Besteuerung durch diesen Quellenstaat – ausländisches Eigenkapital gegenüber ausländischem Fremdkapital diskriminiert; die Staaten privilegieren also den Kapitalimport ohne gesellschaftsrechtliche Einflussmöglichkeiten gegenüber dem Anteilserwerb.
- Parallel dazu verzichten viele Staaten auf eine Besteuerung von in das Ausland abfließenden Lizenzgebühren. Durch die Einführung sog. IP-Boxen (namentlich von Patentboxen) soll gezielt geistiges Eigentum angelockt werden. Damit verbindet sich die Hoffnung auf unternehmerische Innovationen. Gerade hier hat der Steuerwettbewerb vielfältige Blüten getrieben;[28] ihre Eindämmung ist Gegenstand intensiver Bemühungen von OECD und EU.[29]

---

27 Richtlinie 2003/48/EG des Rates vom 3. Juni 2003 im Bereich der Besteuerung von Zinserträgen.

28 Aufschlussreich *Schnitzer,* Ökonomische Analyse steuerlicher Wirtschaftspolitik – Am Beispiel der steuerlichen Förderung von Unternehmen, in: Sieker (Hrsg.), Steuerrecht und Wirtschaftspolitik. DStJG Bd. 39, 2016, S. 53 (54 ff.).

29 Einerseits *OECD/G20 Base Erosion and Profit Shifting Project,* Addressing the Tax Challenges of the Digital Economy. Action 1: 2015 Final Report (2015); und *dies.,* Countering Harmful Tax Practices More Effectively, Taking into Account Transparency and Substance. Action 5: 2015 Final Report, 2015, http://www.

Zweiter Ansatzpunkt für ein wettbewerbliches Verhalten der Staaten sind die Steuerbemessungsgrundlagen. An die Stelle des alten Dualismus von Nettoprinzip (für aktiv erzielte Einkünfte) und Bruttoprinzip (für Einkünfte aus passiven Kapitalinvestitionen) sind ausdifferenzierte Bemessungsgrundlagen, modern gesprochen: „intelligente Lösungen" getreten, die ebenfalls Züge eines zwischenstaatlichen Steuerwettbewerbs tragen. Besonders deutlich wird das bei der Besteuerung der Hochseeschifffahrt. Zahlreiche Staaten, darunter Deutschland,[30] bemessen die Einkommen- und Körperschaftsteuer hier nicht auf Ist-Basis, sondern auf der Grundlage von Parametern der zur Einkunftserzielung eingesetzten Vermögensgegenstände (sog. Tonnagesteuer); daraus ergeben sich benevolent niedrige (fiktive) Gewinne. Ähnliche Wettbewerbseffekte lassen sich durch Regelungen über die Abziehbarkeit fiktiver Betriebsausgaben herbeiführen. Exemplarisch stehen hierfür die gesetzliche *notional interest deduction* in Belgien[31] und die ähnliche (allerdings teils nur informell und im Einzelfall gewährte) Verwaltungspraxis in Luxemburg, die der sog. *LuxLeaks*-Affäre zugrunde lag.

Ebenfalls auf Ebene der Bemessungsgrundlage sind diejenigen Regelungen anzusiedeln, die über die synchrone oder diachrone Verrechenbarkeit von Aufwendungen oder Verlusten mit anderweitigen Gewinnen entscheiden. Je großzügiger ein Staat die Verlustverrechnung ausgestaltet, desto attraktiver ist er für Steuerpflichtige, deren Einkünfte nicht konstant sind, sondern sich auf bestimmte Orte, Unternehmensteile, Tätigkeiten/Investitionen oder bestimmte Jahre beschränken und denen anderweitig Aufwendungen oder Verluste gegenüberstehen. Begehrt ist die – von

---

oecd-ilibrary.org/taxation/oecd-g20-base-erosion-and-profit-shifting-project_23132612 (zuletzt eingesehen am 15.9.2016); andererseits die politische Entschließung des ECOFIN-Rates v. 9.12.2014, nach der die Mitgliedstaaten bei der Einführung oder Fortentwicklung ihrer Patentboxen den sog. *nexus approach* der OECD beachten.

30 § 5a EStG.

31 Art. 205bis-205nonies und Art. 236 Wetboek van de inkomstenbelastingen 1992. Aufschlussreich die englischsprachige Werbebroschüre des *Federale Overheidsdienst Financiën*, Notional Interest Deduction: an innovative Belgian tax incentive, http://www.minfin.fgov.be/portail2/belinvest/downloads/en/publications/bro_notional_interest.pdf (zuletzt eingesehen am 15.9.2016). Parallel wirbt auch die Region Flandern mit dieser Vergünstigung („The Notional Interest Deduction: Flanders' Unique Tax Proposition"). Zur (Un-)Vereinbarkeit mit Art. 49 AEUV: EuGH, *Argenta Spaarbank*, C-350/11, EU:C:2013:447.

einzelnen Staaten z.T. bewusst in Kauf genommene – doppelte Aufwands- oder Verlustberücksichtigung (der sog. *double dip*). In diesem Steuerwettbewerb nutzt Deutschland das – im Rechtsvergleich seltene – Institut des Verlustrücktrags aus,[32] lässt sich von dem Prinzip leiten, dass kein Verlust verloren gehen soll, und bemüht sich durch eine Sanierungsklausel und durch zusätzliche Regelungen für die Zufuhr neuen Eigenkapitals für junge innovative Unternehmen um eine möglichst enge, auf Missbrauchsfälle beschränkte Ausgestaltung seiner Regelungen über den sog. schädlichen Beteiligungserwerb (früher: „Mantelkauf").[33]

Dritter Ansatzpunkt sind die Steuersätze. Zu den auch im Rechtsvergleich meistdiskutierten Instituten des Steuerrechts der letzten beiden Jahrzehnte gehört die sog. duale Einkommensteuer, bei der Einkünfte aus Tätigkeiten oder Immobilien regulär (hoch, i.d.R. nach Maßgabe eines progressiven Tarifs), Einkünfte aus passiven Investitionen mobilen Kapitals dagegen zu niedrigen Einheitssätzen besteuert werden.[34] Deutschland hat sich diesem Regelungsmodell mit der sog. Abgeltungsteuer für Kapitalerträge geöffnet, die private Kapitalerträge einschließlich der Gewinne aus Anteilsveräußerungen aus dem progressiven Tarif ausnimmt. Sie unterliegen einem Einheitssteuersatz von rd. 26,4 Prozent, werden also um über 20 Prozentpunkte geringer belastet als Arbeitseinkünfte in der höchsten Progressionsstufe (rd. 47,5 Prozent) – und zwar auch dann, wenn sie (wie Zinsen) keiner Vorbelastung auf Ebene des Schuldners unterlegen haben. Diese erhebliche Diskrepanz diente in der historischen Erzählung zwar primär der Beseitigung von Vollzugsdefiziten (auch) im reinen In-

32 § 10d Abs. 1 EStG.

33 § 8c Abs. 1 KStG; Sanierungsklausel: § 8c Abs. 2 KStG. Zur Verschonung junger innovativer Unternehmen (*start-ups*) von den Beschränkungen des § 8c Abs. 1 KStG *Klemt,* Körperschaftsteuerliche Verluste junger innovativer Unternehmen. Rechtliche und wirtschaftliche Analyse, Alternativen de lege ferenda, 2016; und jüngst den Entwurf der Bundesregierung v. 14.9.2016 für ein Gesetz zur Weiterentwicklung der steuerlichen Verlustverrechnung bei Körperschaften, http://www.bundesfinanzministerium.de/Content/DE/Downloads/Gesetze/2016-09-14-Verlustverechnung-bei-Koerperschaften.pdf (zuletzt eingesehen am 15.9.2016).

34 Statt aller *Sachverständigenrat zur Begutachtung der gesamtwirtschaftlichen Entwicklung/MPI für Geistiges Eigentum, Wettbewerbs- und Steuerrecht/ZEW,* Reform der Einkommens- und Unternehmensbesteuerung durch die Duale Einkommensteuer, 2006 (hierzu auch *Liekenbrock*, DStZ 2007, 279 ff.); *Schön/ Schreiber/Spengel/Wiegard,* Reforming Income and Company Taxation by the Dual Income Tax. ZEW Economic Studies Bd. 39 (2008); und *Englisch* (Fn. 9).

landsfall, nur sekundär auch der Repatriierung von Kapitalvermögen im Zeichen des Steuerwettbewerbs. Bei Einführung der Abgeltungsteuer kam es dem Gesetzgeber in der Tat vor allem auf eine Besteuerung unter Wahrung des Bankgeheimnisses an. Das verfassungsrechtlich nicht vorgegebene, nur einfachgesetzlich abgesicherte[35] Bankgeheimnis ist aber seinerseits nur deshalb (noch) nicht aufgegeben worden, weil sich sonst negative Effekte im Staatenwettbewerb ergeben hätten. Mittelbar verbirgt sich also auch hinter der Wahrung des Bankgeheimnisses ein Wettbewerbsverhalten.

Neben diese drei Ansatzpunkte treten weitere Stellschrauben. Zu nennen sind Steuerermäßigungen, Steuervergütungen, die Anrechnung ausländischer auf inländische Steuern, aber auch das gesamte Spektrum an verfahrensrechtlichen Instrumenten: Eine Steuerverwaltung, die bereitwillig, schnell und kostengünstig verbindliche Auskünfte erteilt, schafft Rechtssicherheit. Das ist – auch aus verfassungsrechtlicher Perspektive – uneingeschränkt zu begrüßen; das Verfahrensrecht erweist sich hier als Auffangordnung, mit der Schwächen in der Bestimmtheit des materiellen Rechts ausgeglichen werden können. An die Stelle der mithin richtigen und wichtigen *declaratory rulings* treten aber bisweilen sog. *derogatory rulings*: behördliche Entscheidungen, die contra legem zum Vorteil des Steuerpflichtigen ergehen und sich dann als besonders gezielte, oft sogar einzelfallbezogene Investitionsanreize erweisen.[36] Entsprechendes gilt für eine gesetzesferne Großzügigkeit bei Betriebsprüfungen, aber auch für den Verzicht auf hinreichend dichte Prüfungen.

Betrachtet man den normativen Rahmen, in den der internationale Steuerwettbewerb gestellt ist, zeigt sich aber auch, wie stark die Staaten und die Union den bestehenden zwischenstaatlichen Steuerwettbewerb bereits dämpfen und eindämmen. Die rechtliche Rahmenordnung ist durchaus heterogen. Innerstaatlich sind es wiederum gleichheitsrechtliche Gewährleistungen, die Privilegien auf allen Ebenen – Rechtsetzung, behördliche Rechtsanwendung, Rechtsschutz – besonderen Rechtfertigungserfordernissen unterwerfen. Im primären Unionsrecht nehmen das Beihilfenverbot (Art. 107 AEUV), seine verfahrensrechtliche Absicherung (Art. 108, 109

35 § 30a AO.

36 Beispielhaft insoweit *EU-Kommission,* Schreiben State aid SA.38375 (2014/C) (ex 2014/NN) — *Alleged aid to FFT* (Luxemburg).

AEUV) und die begleitenden Auslegungs- und Ermessensleitlinien der Kommission[37] eine zentrale Stellung ein.[38]

Informelle, eher politisch-koordinierende Maßnahmen treten hinzu. Zu nennen ist vor allem der Verhaltenskodex für die Unternehmensbesteuerung, den der ECOFIN-Rat Ende 1997 beschlossen hat[39]. Er bekundet den politischen Willen der Mitgliedstaaten, steuerliche Maßnahmen zu unterbinden, die nach fünf Kriterien, die in dem Verhaltenskodex konkretisiert sind, als schädlicher Steuerwettbewerb einzustufen sind. Diese – typisierenden und typologischen – Kriterien haben bleibende Bedeutung:

- Gewährung eines selektiven Steuervorteils, d.h. einer gegenüber dem üblicherweise in dem Mitgliedstaat geltenden Besteuerungsniveau deutlich niedrigeren Effektivbesteuerung,
- Beschränkung der steuerlichen Vorteile auf Gebietsfremde, d.h. weitgehende Abschottung der inländischen Wirtschaft gegen diese Vorteile,
- Verzicht auf das Erfordernis einer echten Wirtschaftstätigkeit des Steuerpflichtigen in dem begünstigenden Staat,
- Abweichung der Gewinnermittlungsregeln von den OECD-Verrechnungspreisrichtlinien und anderen international allgemein anerkannten Grundsätzen,
- Mangel an Transparenz.

Außerdem begründet der Verhaltenskodex eine (wiederum: politische) Obliegenheit der Mitgliedstaaten, künftig keine derartigen Maßnahmen mehr zu treffen. Dieser Kriterienkatalog ist wirkmächtig geworden, obwohl es sich nicht um einen Rechtstext handelt. Die 1998 eingesetzte *Primarolo*-Kommission hat 66 Regelungen und Praktiken der Mitgliedstaaten im Bereich der Unternehmensbesteuerung benannt, in denen sie einen

---

37 *EU-Kommission,* Mitteilung v. 11.11.1998, 98/C 384/03, ABl. C 384 v. 10.12.1998, S. 3.

38 Aus der umfangreichen Literatur *Birkenmaier,* Die Vorgaben der Beihilfevorschriften des EG-Vertrages für die direkte Unternehmensbesteuerung, 2007; *Blumenberg/ Kring*, Europäisches Beihilfenrecht und Besteuerung. IFSt-Schrift Nr. 473 (2011), www.ifst.de/schriften/2011/473/473.pdf (zuletzt eingesehen am 15.09.2016); *Grube*, Der Einfluss des unionsrechtlichen Beihilfenverbots auf das deutsche Steuerrecht, 2014; und *Cordewener/Henze,* EU-Beihilfeverbot und nationale Unternehmensbesteuerung, FR 2016, 756 ff.

39 *Rat Wirtschafts- und Finanzfragen,* Schlussfolgerungen v. 1.12.1997, 98/C 2/01, abrufbar unter: http://ec.europa.eu/taxation_customs/sites/taxation/files/resources/documents/coc_de.pdf (zuletzt eingesehen am 16.9.2016).

Verstoß gegen die Kriterien des Verhaltenskodex sah.[40] Nahezu alle dieser Regelungen und Praktiken sind inzwischen aufgehoben bzw. beendet worden. Auch ohne Nutzung einer etablierten oder rechtlich erheblichen Handlungsform (Art. 288 AEUV) ist hier also politische Koordination beispielhaft gelungen.

Die Kommission hat daher in der Folgezeit und bis in die Gegenwart weitergehende Bemühungen um eine Einhegung des zwischenstaatlichen Steuerwettbewerbs unternommen.[41] Als jüngstes Beispiel ist die im Januar 2016 veröffentlichte neue „externe Strategie" der Kommission zu nennen, die auf mehr Fairness im materiellen Recht abzielt. Die Kommission möchte namentlich steuerliche Beihilfen unterbinden, mit denen Drittstaaten (weil sie nicht dem Beihilfenverbot des Art. 107 AEUV unterliegen und auch das WTO-Recht keine hinreichenden Schranken setzt[42]) gegenwärtig Steuersubstrat aus EU-Ländern abziehen. Vorbilder für völkerrechtliche, mithin in DBA oder einem multilateralen Abkommen anzusiedelnde Beihilfenverbote, die auch Drittstaaten binden, könnten die Nexus-Regeln zu Patentboxen und – breiter – die Kriterien aus dem gegenwärtig zu überarbeitenden Verhaltenskodex für die Unternehmensbesteuerung liefern.[43]

---

40 Bericht der Gruppe „Verhaltenskodex" (Unternehmensbesteuerung) an den Rat „Wirtschaft und Finanzen" (Tagung am 29. November 1999), SN 4901/09, abrufbar unter: http://ec.europa.eu/taxation_customs/sites/taxation/files/resources/documents/primarolo_de.pdf (zuletzt eingesehen am 15.9.2016).

41 *EU-Kommission,* Mitteilung über die Verhütung und Bekämpfung von Unternehmens- und Finanzdelikten v. September 2004, KOM (2004) 611; *dies.,* Mitteilung v. 28.4.2009 über Maßnahmen zur Förderung eines verantwortungsvollen Handelns ("good governance") im Steuerbereich, KOM (2009) 201; *dies.,* Aktionsplan für eine faire und effiziente Unternehmensbesteuerung v. 17.6.2015, http://ec.europa.eu/taxation_customs/business/company-tax/action-plan-corporate-taxation_de (zuletzt eingesehen am 15.9.2016).

42 Dazu *Schön,* WTO und Steuerrecht, RIW 2004, 50 ff.; *Trottmann,* Gleichbehandlung und Neutralität im Internationalen Ertragsteuerrecht aus Sicht des Welthandelsrechts (WTO), 2010; *Rust,* Rahmenbedingungen des Internationalen Wirtschaftsrechts, in: Sieker (Hrsg.), Steuerrecht und Wirtschaftspolitik. DStJG Bd. 39 (2016), S. 119 ff.

43 *EU-Kommission,* Mitteilung über eine externe Strategie für effektive Besteuerung v. 28.1.2016, COM(2016) 24 final (Internet), S. 5 f. und S. 8.

IV. Wettbewerb der Regulierer

Das Unionsrecht ist aber nicht nur Instrument zur Eindämmung und Kanalisierung des zwischenstaatlichen Steuerwettbewerbs. Vielmehr ist es auch seinerseits Bestandteil eines Regulierungswettbewerbs, in dem die EU (nur) einer von mehreren Akteuren ist und in dem sie kompetitiv agiert.

1. Unionale Regulierung unter dem Einstimmigkeitserfordernis

Ihre Konkurrenten sind einerseits die Mitgliedstaaten, andererseits Internationale Organisationen und informelle Netzwerke der Regierungen. Dieser Wettbewerb der Regulierer kann entstehen, weil die EU-Mitgliedstaaten einzeln und in ihrer Gesamtheit nicht bereit sind, auf ein Pferd zu setzen. Historisch und aktuell beauftragen sie unterschiedliche supra- und internationale Institutionen mit Aufgaben zur Koordinierung der nationalen Steuerrechtsordnungen.

Schon dadurch relativiert sich namentlich die Stellung des Unionsgesetzgebers. Sie wird weiter geschwächt, weil der Rat sowohl im Bereich der direkten Steuern (Art. 115 i.V.m. Art. 114 Abs. 2 AEUV) als auch auf dem Feld der Umsatzsteuer, der Verbrauchsabgaben und der sonstigen indirekten Steuern eine Harmonisierung nur einstimmig beschließen kann (Art. 113 AEUV). Der Unionsgesetzgeber liegt an der Kette. In wertender politischer Betrachtung nehmen die Mitgliedstaaten weiterhin die Rolle des Prinzipals ein.

Mit Blick auf das Demokratieprinzip, vor allem aber mit Blick auf den Wettlauf zwischen Staat und Bürger (oben II.) und den Staatenwettbewerb (oben III.) tun sie unter Geltung des Einstimmigkeitserfordernisses auch gut daran, das Steuerrecht nicht zu vergemeinschaften. Denn jedenfalls auf dem Gebiet des materiellen Steuerrechts reduziert jede neue Richtlinie die mitgliedstaatlichen Handlungsräume, ohne dass diesem Verlust gleiche Flexibilität und Reaktionsschnelligkeit auf unionaler Ebene gegenüberstünden. Es ist daher im Ausgangspunkt von zentraler Bedeutung, dass sich die Mitgliedstaaten im Bereich der Koordination ihrer Steuerpolitik die Wahl unter mehreren Handlungsformen und -ebenen erhalten.

2. Unechte Konkurrenz durch unilaterale Regulierung

Zu diesen Handlungsformen und –ebenen zählen neben dem (insoweit noch jungen) sekundären Unionsrecht einerseits innerstaatliche, andererseits völkerrechtliche Regelungen. Soweit das Unionsrecht in Konkurrenz zum innerstaatlichen Recht tritt, kommt es naturgemäß nicht auf das innerstaatliche Recht des Staates an, der potenziell unfaire steuerliche Angebote macht, sondern auf die innerstaatlichen Rechtsordnungen der (darunter leidenden) anderen Staaten. Sie können in ihren Steuergesetzen einen Vorteilsausgleich anordnen, der steuerliche Sonderangebote neutralisiert, soweit sie nach Maßgabe politischer Wertung (die dann verrechtlicht wird) als unfair angesehen werden.

Wichtigster Neutralisator ist traditionell die Vermeidung der Doppelbesteuerung nicht durch Freistellung ausländischer Einkünfte auf Ebene der Bemessungsgrundlage (also eine exklusive territoriale Abgrenzung in- und ausländischer Besteuerungssphären[44]), sondern durch bloße Anrechnung der ausländischen auf die inländische Steuer.[45] Diese Methode hält das Welteinkommensprinzip aufrecht, das – wie gesehen[46] – die wichtigste Rechtsfolge der unbeschränkten Einkommen- bzw. Körperschaftsteuerpflicht ist.

Die klassische Anrechnungsmethode versagt aber, wo zivilrechtliche Gestaltungen darauf gerichtet sind, dass die potenziell steuerbaren Erträge von vornherein nicht bei der inländischen Einheit anfallen, sondern bei einem mit Abschirmwirkung ausgestatteten ausländischen Rechtsträger in einem Niedrigsteuerland. Daher haben die Staaten seit Mitte der 1960er Jahre weitere, oft feiner strukturierte und damit zielgenauer wirkende Neutralisatoren geschaffen. Zu ihnen zählt v.a. die sog. Hinzurechnungsbesteuerung (Hochschleusung passiver Gewinne, die bei ausländischen Zwischengesellschaften anfallen, aber nicht repatriiert werden, auf das inländische Niveau).[47]

Eine dritte Gruppe von innerstaatlich geregelten Neutralisatoren sind Normen zur Eindämmung einer übermäßigen Gesellschafterfremdfinan-

44 Art. 23A OECD-MA, Art. 22 Abs. 1 Nrn. 1-2 der deutschen DBA-Verhandlungsgrundlage (oben Fn. 24).

45 Art. 23B OECD-MA, Art. 22 Abs. 1 Nrn. 3-5 der deutschen DBA-Verhandlungsgrundlage (oben Fn. 24) i.V.m. § 34c Abs. 1 EStG.

46 Oben III.

47 §§ 7 ff. AStG; hierzu statt aller *Rust,* Die Hinzurechnungsbesteuerung: Notwendigkeit und Umsetzbarkeit einer Reform, 2007; *Trennheuser*, US-amerikanische Subpart F-legislation und deutsche Hinzurechnungsbesteuerung: Konzeption, Systematik, Anwendungsparadigmen, 2014; und *Haase*, Die Hinzurechnungsbesteuerung. Grundlagen – Problemfelder – Gestaltungsmöglichkeiten, 2015.

zierung (der sog. *thin capitalisation*).[48] Zu ihnen zählen Regelungen, durch die abfließende Zinsen in (verdeckte) Gewinnausschüttungen umqualifiziert werden,[49] und alle sonstigen Regelungen, die dem Schuldner von Zinsen[50] oder Lizenzgebühren[51] den Betriebsausgabenabzug versagen.

Derartige unilaterale Regeln zur Einhegung unfairen zwischenstaatlichen Steuerwettbewerbs haben gegenüber unionsrechtlichen Regelungen den Vorteil, exakt auf die Rechtslage des betroffenen Staates abgestimmt zu sein. Vor allem aber ist die staatliche Rechtsetzung flexibler und schneller. In aller Regel bringen daher mitgliedstaatliche Gesetzgeber, nicht die Kommission, Rechtsinstitute zur Erprobung, die dem zwischenstaatlichen Steuerwettbewerb die Spitze nehmen. Das schließt nicht aus, dass sich so erprobte Regelungsmuster später auch auf höherer Stufe etablieren.[52] Hier zeigt sich, wie sehr der Regulierungswettbewerb zu einem „marketplace of ideas" wird,[53] sich also als Entdeckungsverfahren (*von Hayek*) erweist.[54]

---

48 Für Deutschland namentlich die sog. Zinsschranke, §§ 4h EStG, 8a KStG.

49 § 8a KStG a.F.

50 §§ 4h EStG, 8a KStG n.F.

51 Etwa § 12 Abs. 1 Nr. 10 öKStG i.V.m. § 99a Abs. 1 öEStG i.d.F. des Abgabenänderungsgesetzes 2014. Analyse etwa bei *Fehling/Schmid*, BEPS und die EU: Was ist die „europäische Dimension" von BEPS? Das Beispiel grenzüberschreitender Lizenzzahlungen, IStR 2015, 493 ff.

52 So sind etwa die Vorschriften der deutschen Zinsschranke (Fn. 50) Grundlage für die im Sommer 2016 sekundärrechtlich vorgegebene europäische Zinsschranke geworden: Art. 4 der Richtlinie (EU) 2016/1164 des Rates v. 12.7.2016 mit Vorschriften zur Bekämpfung von Steuervermeidungspraktiken mit unmittelbaren Auswirkungen auf das Funktionieren des Binnenmarkts, ABl. EU L 193 v. 19.7.2016, S. 1.

53 Dieser mit dem Sondervotum von *Wendell Holmes* im Fall *Abrams v. United States* (250 U.S. 616 [1919]: „free trade in ideas") in Verbindung gebrachte Ausdruck findet sich erstmals in der Zeit *Thomas Jeffersons*. Zur Begriffsgeschichte *Blocher*, Institutions in the Marketplace of Ideas, in: Duke Law Journal Bd. 57 (2008), 821 ff.

54 *von Hayek*, Wettbewerb als Entdeckungsverfahren, in: Freiburger Studien 1969, S. 249; auch abgedruckt in: Streit (Hrsg.), Rechtsordnung und Handelsordnung. Aufsätze zur Ordnungsökonomik, 2003, S. 132; *Mehde,* Wettbewerb zwischen Staaten, 2005, S. 33 ff. Speziell aus steuerrechtlicher Sicht v.a. *Hey*, Wettbewerb der Rechtsordnungen oder Europäisierung des Steuerrechts?, in: Reimer u.a. (Hrsg.), Europäisches Gesellschafts- und Steuerrecht. Grundlagen – Entwicklungen – Verbindungslinien, 2007, S. 295.

3. Echte Konkurrenz durch Internationale Organisationen

Institutionell konkurriert die EU mit der OECD, die sich ihrerseits darum bemüht, der Organisation der Vereinten Nationen und den informellen Kooperationsformen der G20-Staaten den Rang abzulaufen. Alle diese Institutionen sind intensiv mit der zwischenstaatlichen Abstimmung der Besteuerung befasst; sie konkurrieren um Definitions- und Entscheidungskompetenzen im Bereich des Internationalen Steuerrechts. Seit 1980 setzen die Vereinten Nationen den in der OECD zusammengeschlossenen Industriestaaten ein eigenes Abkommensmuster für DBA zwischen Entwicklungsländern und zwischen Entwicklungsländern und entwickelten Ländern gegenüber; dieses UN-MA trägt fiskalischen Bedürfnissen typischer Kapitalimportstaaten wegen weit ausgebauter Besteuerungsbefugnisse des jeweiligen Quellenstaats besser Rechnung als das eher Interessen des Ansässigkeitsstaats bedienende OECD-MA.[55] Zahlreiche Aktivitäten des Steuerausschusses der OECD, der von ihm eingesetzten Arbeitsgruppen (*Working Parties*) und Beratergruppen (*Technical Advisory Groups*) widmen sich ähnlichen Fragen und Problemen wie die EU-Kommission und der ECOFIN-Rat.

Exemplarisch für diese institutionelle Konkurrenz lassen sich die Regelungen zur zwischenstaatlichen Abgrenzung der nationalen Besteuerungsrechte und die Mechanismen zur Vermeidung der Doppelbesteuerung, die Kartellbildung durch Entwicklung des genannten *Code of Conduct* zur Austrocknung von Steueroasen[56] und insbesondere die Verbesserung des steuerlichen Informationsaustausches über die Grenze nennen. Weniger konkret, aber atmosphärisch ebenfalls spürbar ist die Konkurrenz von EU und OECD bei der Vorbereitung zwischenstaatlicher Streitschlichtungsinstitutionen.[57]

---

55 Statt aller *Valta,* Das Internationale Steuerrecht zwischen Effizienz, Gerechtigkeit und Entwicklungshilfe, 2014.

56 Vgl. einerseits den Bericht der *OECD*, Harmful Tax Competition: An Emerging Global Issue, 1998, andererseits die nahezu zeitgleich vorgelegten Arbeiten der (damaligen) EG (Fn. 39 und 40).

57 Vorüberlegungen bei *Lindencrona/ Mattson*, Study of the Feasibility of a World Tax Court. Madrid Conference of the Law of the World, 1979; *Horner*, Do We Need an International Tax Organization? Tax Notes International 24/2001 v. 8.10.2001, S. 179 ff.; *Tanzi*, Is there a Need for a World Tax Organization? in: Razin/Sadka (Hrsg.), The Economics of Globalization. Policy Perspectives from Public Economics, 1999, S. 173 ff.; gute Zusammenfassung bei *Züger*, Arbitrati-

Vor allem aber tritt der Wettbewerb zwischen OECD und EU bei der Eindämmung von BEPS zutage.[58] Wichtige Mitgliedstaaten beider Organisationen, darunter Deutschland, bevorzugen die mit brillantem Sachverstand, aber weniger eigener Rechtsetzungs- und Rechtsdurchsetzungsgewalt ausgestattete OECD als Plattform für die anstehenden Reformen. Die EU-Kommission partizipiert aber durch den Beobachterstatus der EU bei der OECD an deren Arbeitsergebnissen. Sie konnte daher aus der Not eine Tugend machen und hat kürzlich erstmals den Versuch unternommen, die OECD – jedenfalls zeitlich – auf deren ureigenem Feld zu schlagen, dem Recht der Doppelbesteuerungsabkommen. Dazu hat die Kommission die von der OECD im Oktober 2015 zunächst nur in einer Entwurfsfassung vorgelegte Neuregelung einzelner Teile des OECD-Musterabkommens auf dem Gebiet der Steuern vom Einkommen und vom Vermögen, die der Rat der OECD frühestens 2017 als Empfehlung verabschieden wird, bereits Anfang 2016 zum Gegenstand einer Kommissionsempfehlung gemacht.[59]

Im Wettbewerb der Regulierer ist die EU der OECD damit zwar formal voraus; die Einwirkungsmöglichkeiten der Kommission beschränken sich indes auf die EU-Staaten, während Drittstaaten einstweilen keiner vergleichbaren Regulierung unterliegen. Im globalen Steuerwettbewerb bringt aber jede nur regionale Regulierung neue Asymmetrien hervor. Dem ist im konkreten Fall zwar die Spitze genommen, weil Empfehlungen nach Art. 288 AEUV ohnehin keine harte Verbindlichkeit beanspruchen können. Materiell könnte immerhin der EuGH – etwa in Konkretisierung des unscharfen Rechtfertigungsgrunds „Wahrung der Aufteilung der Besteuerungsbefugnis" im Rahmen seiner künftigen Judikatur zu den Grundfreiheiten – die Empfehlung als wirkmächtige Auslegungshilfe heranziehen. Institutionell zeigt das Vorgehen der Kommission aber bereits heute die hohe Sensibilität, mit der Unionsorgane auf ein konzertiertes Zusam-

---

on under Tax Treaties. Improving Legal Protection in International Tax Law, 2001, S. 110 f.; weitere Überlegungen bei *Sawyer*, Developing a World Tax Organization: The Way Forward, 2009; und demnächst *Strotkemper*, Möglichkeiten zur Verbesserung der Streitbeilegung im Internationalen Steuerrecht. Das Spannungsverhältnis zwischen Schiedsverfahren in Steuersachen und einem Internationalen Steuergerichtshof (Diss. jur. Heidelberg 2016; Veröff. in Vorbereitung).

58 Regelungsvergleich bei *Roth*, Kampf gegen internationale Steuervermeidung und -gestaltung: BEPS und der Aktionsplan der EU-Kommission, Ubg 2015, 705 ff. Zum BEPS-Programm s. die Nachweise oben Fn. 6.

59 Empfehlung der Kommission v. 28.1.2016 zur Umsetzung von Maßnahmen zur Bekämpfung des Missbrauchs von Steuerabkommen, C(2016) 271 final.

menwirken wichtiger Mitgliedstaaten auf fremdem Parkett (hier: der OECD) reagieren.

V. Fazit

So unterschiedlich die vier hier untersuchten Phänomene eines Wettbewerbs sind, so deutlich treten neben zahlreichen Strukturparallelen auch Berührungspunkte zwischen den Ebenen hervor. So entfalten verfassungs- und unionsrechtliche Gleichheitssätze und Neutralitätsgarantien ihre Direktivkraft gleichermaßen im privaten (Wirtschafts-)Wettbewerb, in der – damit engstens verknüpften – Rechtsetzung im Staat-Bürger-Verhältnis und (wenn auch eingeschränkt) im zwischenstaatlichen Steuerwettbewerb. Dies gilt namentlich für das Europäische Beihilfenrecht. Die konzeptionelle Unterscheidung beider Dimensionen ist aber gerade für das Beihilfenrecht geboten: Regelungen, die es im Interesse einer neutralen Belastung unterschiedlicher Privater vorhält, sind nicht, jedenfalls nicht ohne weiteres zum Einsatz gegen schädlichen Staatenwettbewerb verwendbar. Auch hier ist es aber die Ausstattung Privater mit subjektiven (auch: prozessualen) Rechten, die auch gegen den Willen der Mitgliedstaaten den effektiven Vollzug des Unionsrechts absichern.

Konkurrenz der Privatrechtsordnungen

Felix Maultzsch

I. Einleitung

Die Idee eines Wettbewerbs der Rechtsordnungen zählt auch und gerade auf dem Gebiet des Privatrechts zu den meistdiskutierten Entwicklungen der jüngeren Vergangenheit.[1] Seinen Ausgangspunkt hat dieser Ansatz im Raum des *common law* genommen, der einer engen Verknüpfung der Rechtsidee mit dem Marktgedanken traditionell besonders aufgeschlossen gegenübersteht. Anglo-amerikanisch verwurzelte Autoren sprechen daher bereits von einem universalen „*Law Market*"[2] oder einem „*Global Market for Judicial Services*"[3]. Das (Privat-)Recht stellt in diesem Denkansatz keinen Ordnungsrahmen mehr dar, der den Wettbewerb um Güter und Dienstleistungen überformt, sondern geht selbst im Markt auf und wird – mit den einprägsamen Worten *Roberta Romanos*[4] – seinerseits zu einem

---

1 Grundlegend aus deutscher Sicht *Kieninger*, Wettbewerb der Privatrechtsordnungen im europäischen Binnenmarkt, 2002 sowie aus der neueren Literatur exemplarisch *Bachmann*, Vertikaler Regulierungswettbewerb im Europäischen Gesellschaftsrecht, in: FS Peter Hommelhoff, 2012, S. 21; *Eidenmüller*, Recht als Produkt, JZ 2009, 641; *ders.* (Hg.), Regulatory Competition in Contract Law and Dispute Resolution, 2013; *Fleischer*, Optionales europäisches Privatrecht („28. Modell"), RabelsZ 76 (2012), 235; *Grundmann*, Kosten und Nutzen eines optionalen Europäischen Kaufrechts, AcP 212 (2012), 502; *Leible*, Kollisionsrecht und vertikaler Regulierungswettbewerb, RabelsZ 76 (2012), 374; *Rühl*, Statut und Effizienz, 2011, S. 222 ff.; *dies.*, Regulatory Competition in Contract Law: Empirical Evidence and Normative Implications, ERCL 9 (2013), 61 und *Vogenauer*, Regulatory Competition through Choice of Contract Law and Choice of Forum in Europe: Theory and Evidence, ERPL 21 (2013), 13.

2 So *O'Hara/Ribstein*, The Law Market, 2009.

3 So *Dammann/Hansmann*, Globalizing Commercial Litigation, 94 Cornell L. Rev. 1, 12 (2008).

4 *Romano*, Law as a Product: Some Pieces of the Incorporation Puzzle, 1 J.L. Econ. & Org. 225 (1985); vgl. auch *Eidenmüller*, Recht als Produkt, JZ 2009, 641 und *Peters*, Wettbewerb von Rechtsordnungen, VVDStRL 69 (2010), 7 (15).

Produkt, das sich kompetitiv an den Präferenzen der Rechtssubjekte ausrichten muss.

Nicht anders als in den USA, in denen die Diskussion über die Rolle und den Siegeszug des *Delaware Corporate Law* eine maßgebliche Wurzel der Idee des Rechtswettbewerbs bildet, hat sich dieser Ansatz auch im Rahmen der EU zuerst im Gesellschaftsrecht niedergeschlagen. Zentral erscheint insoweit der grundfreiheitliche Schutz für grenzüberschreitende Sitzverlegungen, den der EuGH in seiner berühmten Entscheidungstrias in den Rechtssachen *Centros*,[5] *Überseering*[6] und *Inspire Art*[7] etabliert und mittlerweile in zahlreichen weiteren Entscheidungen fortentwickelt und ausdifferenziert hat.[8] Hieran anknüpfend ist einerseits eine umfangreiche akademische Diskussion über ein wettbewerbsorientiertes Bild des Privatrechts in Europa entstanden und haben andererseits auch die mitgliedstaatlichen Gesetzgeber auf die neue Entwicklung reagiert, in Deutschland beispielsweise durch die Schaffung der haftungsbeschränkten Unternehmergesellschaft im Jahr 2008[9] oder die Einführung einer Partnerschaftsgesellschaft mit beschränkter Berufshaftung im Jahr 2013.[10]

Nachfolgend sollen jedoch weniger die Spezifika bestimmter Teilgebiete des Privatrechts, sondern vielmehr allgemeine Grundfragen eines Wettbewerbs der Privatrechtsordnungen erörtert werden. Die Ausführungen konzentrieren sich dabei auf den sogenannten horizontalen Regulierungswettbewerb, in dessen Rahmen das Unionsrecht eine Konkurrenz zwischen den mitgliedstaatlichen Rechtsordnungen auslöst und steuert. Demgegenüber ruft das noch einmal jüngere Phänomen eines sogenannten vertikalen Regulierungswettbewerbs, bei dem sich die EU selbst über sogenannte optionale Rechtsangebote in einen Wettbewerb mit den mitglied-

---

5 EuGH, *Centros*, Slg. 1999 I-1459.

6 EuGH, *Überseering*, Slg. 2002 I-9919.

7 EuGH, *Inspire Art*, Slg. 2003 I-10155.

8 Eingehender Überblick zur Entwicklung der Rechtsprechung des EuGH bei *Kindler*, in: MünchKomm. BGB, 6. Aufl. 2015, IntGesR Rn. 111 ff.

9 Art. 1 Nr. 6 des Gesetzes zur Modernisierung des GmbH-Rechts und zur Bekämpfung von Missbräuchen (MoMiG) vom 23. Oktober 2008, BGBl. I 2026.

10 Gesetz zur Einführung einer Partnerschaftsgesellschaft mit beschränkter Berufshaftung und zur Änderung des Berufsrechts der Rechtsanwälte, Patentanwälte, Steuerberater und Wirtschaftsprüfer vom 15. Juli 2013, BGBl. I 2386.

staatlichen Rechtsordnungen begibt, separate Fragestellungen hervor,[11] die hier ausgeblendet bleiben.

In einem ersten Schritt sollen die Voraussetzungen analysiert werden, unter denen ein horizontaler Regulierungswettbewerb zustande kommen kann (II.). Sodann gilt es, sowohl auf marktimmanente als auch auf normative Folgeprobleme eines wettbewerbsorientierten Privatrechtsverständnisses einzugehen (III.), bevor einige zusammenfassende Erwägungen den Beitrag abschließen (IV.).

II. Voraussetzungen eines horizontalen Regulierungswettbewerbs

Um sinnvollerweise von einem unionsrechtlich induzierten Wettbewerb unter den mitgliedstaatlichen Privatrechtsordnungen sprechen zu können, müssen sowohl auf der Seite der Rechtsnachfrager, d.h. der Bürger und Unternehmen, als auch auf der Seite der in Wettbewerb tretenden Rechtsanbieter, d.h. der rechtssetzenden Mitgliedstaaten, verschiedene Voraussetzungen erfüllt sein.[12]

1. Nachfrageseite

Aus Sicht der Nachfrageseite müssen zwei Grundvoraussetzungen gegeben sein, die einerseits unmittelbar einleuchten, andererseits aber im Detail verschiedene Probleme aufwerfen. So ist zunächst erforderlich, dass die Bürger und Unternehmen eine präferenzorientierte Einstellung gegenüber der Rechtsordnung einnehmen. Sie müssen eine individuell nutzenmaximierende Gestaltung des für sie geltenden Rechtsrahmens anstreben. Sodann muss ihnen das Recht selbst eine derartige nutzenorientierte Aus-

---

11 Zu diesen exemplarisch *Bachmann* (Fn. 1), S. 32 ff.; *Fleischer* (Fn. 1), 249 ff.; *Grundmann* (Fn. 1), 515 ff.; *Klöhn*, Supranationale Rechtsformen und vertikaler Wettbewerb der Gesetzgeber im europäischen Gesellschaftsrecht, RabelsZ 76 (2012), 276 (290 ff.); *Leible* (Fn. 1), 387 ff.; *Riesenhuber*, Wettbewerb für das Europäische Vertragsrecht, JZ 2011, 537.

12 Hierzu bereits *Eidenmüller*, Europäisches und deutsches Gesellschaftsrecht im europäischen Wettbewerb der Gesellschaftsrechte, in: FS Andreas Heldrich, 2005, S. 581 (582 ff.); *ders.* (Fn. 4), 642 f.; *Rühl*, Regulatory Competition in Contract Law: Empirical Evidence and Normative Implications, ERCL 9 (2013), 61 (64 ff.).

wahl unter verschiedenen mitgliedstaatlichen Rechtsarrangements gestatten, wobei vorliegend der Beitrag des Unionsrechts zu diesen Wahlmöglichkeiten im Zentrum steht.

a) Existenz und Grenzen einer nutzenmaximierenden Rechtseinstellung

Die erste Voraussetzung, nämlich eine individuell nutzenmaximierende Haltung der Rechtssubjekte gegenüber den privatrechtlichen Rahmenbedingungen ihrer Aktivitäten, ist grundsätzlich gegeben. Die Verkehrsbeteiligten nehmen das Privatrecht typischerweise als eine zweckbezogene Infrastruktur für die Verwirklichung ihrer außerrechtlichen Zielvorstellungen wahr, was die Bezeichnung des Privatrechts als „*enabling law*“ pointiert umschreibt.[13] Beispielsweise werden die Gründer einer Gesellschaft eine Minimierung ihres Kapitaleinsatzes und ihres Haftungsrisikos anstreben. Dabei müssen sie allerdings die voraussichtliche Reaktion potentieller Geschäftspartner auf ein bestimmtes Kapital- und Haftungsarrangement der Gesellschaft antizipieren, weshalb nach der Wettbewerbsidee die Wahl der volkswirtschaftlich effizientesten Gesellschaftsform für ein bestimmtes Unternehmen erfolgen wird.

So plausibel eine nutzenmaximierende Haltung der Bürger und Unternehmen gegenüber Rechtsarrangements im Ausgangspunkt ist, erscheint sie jedoch aus empirischer Sicht nicht gänzlich unproblematisch. Beispielsweise hat die Verhaltenspsychologie den sogenannten *endowment effect* herausgearbeitet, nach dem die Rechtssubjekte den bestehenden – d.h. vorbehaltlich gesonderter Dispositionen eingreifenden – Rechtsregeln und Rechtspositionen einen gewissen Eigenwert beimessen und daher selbst dann nicht ohne Weiteres bereit sind, auf diese Rechtsregeln und Rechtspositionen privatautonom zu verzichten, wenn sie hierfür an sich adäquat kompensiert würden.[14] Somit ist eine inhärente Verquickung von individuellen Präferenzen und geltenden Normen denkbar, die einer rein produktorientierten Sicht des Rechts gewisse Grenzen setzt.

---

13 Hierzu etwa *Zimmer*, Weniger Politik!, 2013, S. 107 ff.

14 Näher *Korobkin*, Behavioral Economics, Contract Formation, and Contract Law, in: Sunstein (Hg.), Behavioral Law & Economics, 2000, S. 116 sowie im Überblick *Eidenmüller*, Der homo oeconomicus und das Schuldrecht: Herausforderungen durch Behavioral Law and Economics, JZ 2005, 216 (218 f.).

Zudem kann die Vorstellung, dass das Privatrecht ein Objekt präferenzorientierter Wahlentscheidungen darstellt, auch unter einem noch grundlegenderen Aspekt hinterfragt werden, den insbesondere *Eva-Maria Kieninger* aufgeworfen hat: Selbst im Rahmen einer horizontalen Konkurrenz unter den mitgliedstaatlichen Rechten stehen der Nachfrageseite typischerweise nur komplexe „Normenpakete" zur Verfügung – englisches, deutsches, italienisches Recht etc. – und es kann äußerst schwierig sein, im Zeitpunkt einer bestimmten Auswahlentscheidung zu prognostizieren, welches dieser Normenpakete zu einer individuellen Nutzenmaximierung führen wird.[15] Hieran anschließend hat *Stefan Vogenauer* jüngst in einer eingehenden Auseinandersetzung mit der Idee eines horizontalen Regulierungswettbewerbs im Vertragsrecht darauf hingewiesen, dass die subjektive Attraktivität einer bestimmten Vertragsrechtsordnung von einer Vielzahl schwer prognostizierbarer Variablen abhängt, etwa davon, ob sich die betreffende Person letztendlich in der Rolle des Vertragsbrüchigen oder des von einem Vertragsbruch der anderen Seite Betroffenen wiederfindet.[16] Aufgrund dieser strukturellen Wissensgrenzen hält *Vogenauer* einen Regulierungswettbewerb im Vertragsrecht von vornherein für ausgeschlossen.[17] Im Einklang hiermit ist er unter Auswertung verschiedener empirischer Studien zu dem Ergebnis gelangt, dass sich die Bürger und Unternehmen bei der Auswahl des Vertragsrechts typischerweise nicht an einer für sie vorteilhaften inhaltlichen Ausgestaltung des jeweiligen Rechts orientieten. Vielmehr bestehe in erster Linie eine Präferenz für das ihnen vertraute Heimatrecht oder – wenn sich dieses im internationalen Rechtsverkehr nicht durchsetzen ließe – für die Anwendbarkeit einer leicht erschließbaren, als neutral und transparent geltenden Rechtsordnung, wobei im Vertragsrecht unter diesen Prämissen insbesondere das Schweizer und das englische Recht attraktiv seien.[18]

---

15 *Kieninger* (Fn. 1), S. 84 ff.; siehe auch *Peters* (Fn. 4), 15 und *Riesenhuber* (Fn. 11), 542.

16 *Vogenauer*, Regulatory Competition Through Choice of Contract Law and Choice of Forum in Europe: Theory and Evidence, in: Eidenmüller (Hg.), Regulatory Competition in Contract Law and Dispute Resolution, 2013, S. 227 (231 ff.); zur Komplexität des erforderlichen Abwägungsprozesses bereits auch *Mankowski*, Überlegungen zur sach- und interessengerechten Rechtswahl für Verträge des internationalen Wirtschaftsverkehrs, RIW 2003, 2.

17 *Vogenauer* (Fn. 16), S. 260.

18 *Vogenauer* (Fn. 16), S. 242 ff.; vgl. auch bereits *Kieninger* (Fn. 1), S. 286 ff. und *Leible* (Fn. 1), 385.

Bei näherer Betrachtung schließen diese Unwägbarkeiten, denen eine präferenzbezogene Haltung gegenüber dem privatrechtlichen Regelungsrahmen ausgesetzt ist, jedoch ein wettbewerbsorientiertes Denkmodell nicht zwingend aus. Zum einen muss zwischen einer Ausgestaltung des Vertragsrechts, die (nur) für bestimmte Vertragsbeteiligte vorteilhaft ist, und einem aus gesamtgesellschaftlicher Sicht effizienten Vertragsregime unterschieden werden. Letzteres setzt optimale Verhaltensanreize zur Vermeidung von Vertragsstörungen und verteilt unvermeidbare Risiken auf diejenige Vertragspartei, die sie bei typisierender Betrachtung am besten ausgleichen, insbesondere versichern kann.[19] Ein gewisser „Schleier des Nichtwissens" zu der Frage, in welcher Position ein bestimmter Vertragsbeteiligter von einer bestimmten Regelung betroffen sein wird (ob als Gläubiger oder als Schuldner etc.), kann sich vor diesem Hintergrund sogar positiv auf die Durchsetzungschancen einer nicht einseitig-bevorteilend, sondern gesamtgesellschaftlich-effizient ausgerichteten Vertragsrechtsordnung im Rechtswahlprozess auswirken.[20] Zum anderen ist auch unter der weitergehenden Annahme, dass selbst diese allgemeine Einschätzung der Effizienz vertragsrechtlicher Regelungen eine zu komplexe Aufgabe für die Rechtssubjekte darstellt, ein Wettbewerb unter den Vertragsrechtsordnungen nicht kategorisch ausgeschlossen, sondern es verändert sich lediglich der qualitative Beurteilungsmaßstab für nutzenmaximierende Auswahlentscheidungen. Der Grad der Attraktivität einer Vertragsrechtsordnung würde sich dann nicht mehr nach der inhaltlichen Güte der jeweiligen Normen zu bestimmten Regelungsfragen (Anreizsetzung, Risikoverteilung etc.) richten, sondern durchsetzungsstark wären gerade aufgrund eines präferenzorientierten Wettbewerbsgedankens leicht erschließbare, transparente und somit in ihren denkbaren Regelungswirkungen möglichst kalkulierbare Rechtsordnungen.

Auf diese Präferenzlage müssten dann auch die mitgliedstaatlichen Gesetzgeber reagieren, sofern sie im horizontalen Regulierungswettbewerb

---

19 Im Überblick *Schäfer/Ott*, Lehrbuch der ökonomischen Analyse des Zivilrechts, 5. Aufl. 2012, S. 423 ff.

20 Aus Sicht der ökonomischen Theorie beruht dies darauf, dass die Ungewissheit über ihre jeweilige zukünftige Position die Beteiligten des Rechtsverkehrs dazu anhält, die sozialen Auswirkungen von Verhaltensweisen und rechtlichen Regelungen möglichst umfassend in ihre individuelle Kosten-Nutzen-Rechnung einzubeziehen; grundlegend zur Verknüpfung von individueller Nutzenmaximierung und „Gesamtbetrachtungsmodellen" *Demsetz*, Wealth Distribution and the Ownership of Rights, 1 J. Legal Stud. 223 (1972).

attraktive Rechtsangebote zur Verfügung stellen wollen. Allgemein gesprochen müssten sie darauf hinarbeiten, den Rechtsnachfragern ein Produkt mit größtmöglichen Netzwerkeffekten zur Verfügung zu stellen, d.h. einen rechtlichen Rahmen, der aufgrund seiner standardisierten Verbreitung und seiner Transparenz mit geringen Transaktionskosten, insbesondere einfach und friktionsarm, zu handhaben ist.[21] Als besonders geeignete Kandidaten hierfür erscheinen weniger materialisiert-zweckbezogene Privatrechtsordnungen, sondern eher im klassischen Sinne formal-rechtssicherheitsorientierte Normangebote. Unter diesem Blickwinkel lässt sich das Marktparadigma durchaus mit traditionellen Idealbildern des Privatrechts vereinbaren. Dies könnte möglicherweise auch die besondere Beliebtheit des Schweizer und des englischen Rechts in internationalen Privatrechtsbeziehungen erklären, handelt es sich hierbei doch jeweils um Rechtsordnungen, denen eine starke Orientierung an formaler Erwartungssicherheit attestiert wird. Für das englische Recht tritt als weiterer Netzwerk- bzw. Transaktionskostenvorteil die weite Verbreitung der englischen Sprache hinzu.[22] Diesen spezifischen Vorteil können nicht-englischsprachige Rechtsordnungen von vornherein nur teilweise kompensieren.[23] Jedoch hat *Jürgen Basedow* überzeugend darauf hingewiesen, dass eine transparente, grenzüberschreitend zugängliche Information über die wesentlichen Regelungsgehalte einer Rechtsordnung deren Attraktivität aus Sicht der Nachfrageseite potentiell immer steigern kann und daher zu den Kernanliegen der nationalen Gesetzgeber im Zeitalter eines globalisierten Privatrechtsverkehrs zählen sollte.[24]

---

21 Hierzu *Engert*, Networks and Lemons in the Market for Contract Law, in: Eidenmüller (Hg.), Regulatory Competition in Contract Law and Dispute Resolution, 2013, S. 304 (305 ff.).

22 *Coester*, Comment on Vogenauer, in: Eidenmüller (Hg.), Regulatory Competition in Contract Law and Dispute Resolution, 2013, S. 285 (286) und *Eidenmüller* (Fn. 12), S. 585.

23 Einen relativ weitgehenden Versuch, diesem Wettbewerbsnachteil entgegenzusteuern, bilden die Erwägungen, auch in der Gerichtsbarkeit kontinentaleuropäischer Staaten englischsprachige Gerichtsverfahren zuzulassen; siehe *Kern*, English as a Court Language in Continental Courts, Erasmus Law Review 5 (2012), 187 (190). Zu dieser Initiative aus deutscher Sicht noch unten B. II. 1.

24 *Basedow*, The Application of Foreign Law – Comparative Remarks on the Practical Side of Private International Law, in: Basedow/Pißler (Hg.), Private International Law in Mainland China, Taiwan and Europe, 2014, S. 85 (94 f.); vgl. auch *Leible* (Fn. 1), 383.

Zusammenfassend stellt eine nutzenmaximierende Einstellung der Bürger und Unternehmen gegenüber privatrechtlichen Normangeboten zwar keine unproblematische Selbstverständlichkeit dar, wohl aber doch eine taugliche Grundannahme, wobei prognostische Unsicherheiten über die konkreten Auswirkungen bestimmter rechtlicher Arrangements nicht zwingend eine Aufgabe der präferenzbezogenen Einstellung implizieren, sondern lediglich den qualitativen Beurteilungsmaßstab für Recht verschieben.

b) Umsetzungsspielräume für eine nutzenmaximierende Rechtseinstellung

Eine präferenzorientierte Einstellung gegenüber dem Privatrecht kann jedoch nur in dem Maße zu einem Rechtswettbewerb führen, in dem den Rechtssubjekten Auswahlmöglichkeiten unter verschiedenen Rechtsordnungen offenstehen.[25] Als Einfallstor für einen horizontalen Regulierungswettbewerb fungieren in der EU dabei Rechtswahlmöglichkeiten im Internationalen Privat- und Zivilverfahrensrecht sowie die privatrechtsbezogenen Wirkungen der Europäischen Grundfreiheiten.

(1) Rechtswahlmöglichkeiten im Internationalen Privat- und Zivilverfahrensrecht

Das Kollisionsrecht ist in der EU in den vergangenen Jahren für viele Teilbereiche des Privatrechts vereinheitlicht worden, was sowohl das jeweils anwendbare materielle Recht als auch die internationale Gerichtszuständigkeit betrifft. Dies gilt insbesondere für das vertragliche und außervertragliche Schuldrecht,[26] das Eherecht[27] und das Erbrecht[28]. Innerhalb der betreffenden EU-Verordnungen nimmt die Möglichkeit einer freien Wahl des anwendbaren Rechts oder des zuständigen Forums, die sogenannte Parteiautonomie, zumindest für solche Rechtsverhältnisse eine

25 *Leible* (Fn. 1), 381.

26 Rom I-VO und Rom II-VO (Internationales Privatrecht) und Brüssel Ia-VO (Internationales Zivilverfahrensrecht).

27 Rom III-VO und HUP (Internationales Privatrecht) sowie EuEheVO und EuUnt-VO (Internationales Zivilverfahrensrecht).

28 EuErbVO (Internationales Privat- und Zivilverfahrensrecht).

prominente Rolle ein, denen ein genuin internationales Moment innewohnt. Dementsprechend werden durch supranationales Kollisionsrecht gewährleistete Rechtswahlmöglichkeiten als wichtiger Katalysator für einen effizienzsteigernden Wettbewerb unter den mitgliedstaatlichen Privatrechtsordnungen angesehen.[29]

Gleichwohl reicht die Parteiautonomie in den verschiedenen Teilbereichen des Privatrechts immer noch unterschiedlich weit. Beispielsweise sieht der europäische Gesetzgeber die Rechtswahlfreiheit im Schuldvertragsrecht als einen der „Ecksteine" des Anknüpfungssystems an[30] und gewährleistet sie vorbehaltlich spezifischer Schutzanliegen, etwa zugunsten von Verbrauchern und Arbeitnehmern, sehr weitgehend. Demgegenüber befindet sich die Parteiautonomie in Bereichen wie dem Ehe- oder dem Erbrecht zwar auch im Vordringen, ist hier aber nicht zuletzt mit Rücksicht auf hoheitliche Ordnungsinteressen der Mitgliedstaaten immer noch relativ stark limitiert.[31] So können die Beteiligten internationaler Ehe- oder Erbrechtsverhältnisse *de lege lata* typischerweise zwischen einer Anknüpfung an die Staatsangehörigkeit oder an den gewöhnlichen Aufenthalt wählen. Die Wahl eines Drittrechts, das zu dem jeweiligen Rechtsverhältnis keinen objektiven Bezug aufweist, aber den Beteiligten gleichwohl attraktiv erscheint, ist ihnen jedoch – anders als etwa im Schuldrecht – verwehrt. Den jüngsten rechtspolitischen Streitpunkt in diesem Zusammenhang bilden die Wahlmöglichkeiten im Güterrecht gleichgeschlechtlicher Lebenspartnerschaften. Während der Kommissionsvorschlag für eine diesbezügliche EU-Verordnung[32] aufgrund der unterschiedlichen Traditionen, die in den Mitgliedstaaten im Bereich gleichge-

---

29 Eingehend *Rühl*, Statut und Effizienz, 2011, S. 343 ff. sowie im Überblick *dies.*, Party Autonomy in the Private International Law of Contracts: Transatlantic Convergence and Economic Efficiency, in: Gottschalk u.a. (Hg.), Conflict of Laws in a Globalized World, 2007, S. 153 (176 f.) und *dies.* (Fn. 12), 81 ff., 88.

30 Vgl. Erwägungsgrund 11 der Rom I-VO.

31 Hierzu exemplarisch und m.w.N. *Maultzsch*, Parteiautonomie im Internationalen Privat- und Zivilverfahrensrecht, in: von Hein/Rühl (Hg.), Kohärenz im Europäischen Internationalen Privat- und Verfahrensrecht, 2015, i.E. sowie *Rühl*, The Protection of Weaker Parties in the Private International Law of the European Union: A Portrait of Inconsistency and Conceptual Truancy, J. Priv. Intl. L. 10 (2014), 335 (346 ff.).

32 Vorschlag für eine Verordnung des Rates über die Zuständigkeit, das anzuwendende Recht, die Anerkennung und die Vollstreckung von Entscheidungen im Bereich des Güterrechts eingetragener Partnerschaften vom 16. März 2011 (KOM 127 endg.).

schlechtlicher Partnerschaften bestehen, noch jede Rechtswahlmöglichkeit ausschließen wollte, sieht eine Legislative Entschließung des Europäischen Parlaments[33] gewisse Wahlmöglichkeiten vor und öffnet somit auch in diesem Bereich die Tür für einen kollisionsrechtlich induzierten Rechtswettbewerb unter den Mitgliedstaaten.

(2) Europäische Grundfreiheiten und Anerkennungsprinzip

Neben dem Internationalen Privat- und Zivilverfahrensrecht spielt die Rechtsprechung des EuGH zu den Grundfreiheiten eine wichtige Rolle für rechtsbezogene Wahlmöglichkeiten im Europäischen Binnenmarkt. Das praktisch bedeutsamste Beispiel hierfür bildet die eingangs erwähnte Rechtsprechung zu grenzüberschreitenden Sitzverlegungen im Gesellschaftsrecht. Danach muss ein Mitgliedstaat die Rechtsfähigkeit einer Gesellschaft, die in einem anderen Mitgliedstaat nach dortigem Recht wirksam gegründet worden ist, sodann aber ihren Sitz in den erstgenannten Mitgliedstaat verlegt, auch dann anerkennen, wenn die Voraussetzungen einer wirksamen Gründung nach dem Recht des neuen Sitzstaates nicht erfüllt sind. Dies ermöglicht es den Gründern von Gesellschaften, einen attraktiven Rechtsrahmen für ihr Unternehmen auszuwählen, obwohl das auf Gesellschaften bezogene Kollisionsrecht in Europa bisher nicht vereinheitlicht worden ist und obwohl das nationale Kollisionsrecht vieler Mitgliedstaaten, so auch das deutsche Recht, vor der betreffenden EuGH-Rechtsprechung nicht an den Ort der Gesellschaftsgründung anknüpfte (sogenannte Gründungstheorie), sondern an den Ort des jeweiligen Gesellschaftssitzes (sogenannte Sitztheorie).[34] Das grundfreiheitliche Anerkennungsprinzip entfaltet seine praktische Wirkung somit gerade in den Bereichen, in denen das Internationale Privatrecht noch nicht vergemein-

33 Legislative Entschließung des Europäischen Parlaments vom 10. September 2013 zu dem Vorschlag für eine Verordnung des Rates über die Zuständigkeit, das anzuwendende Recht, die Anerkennung und die Vollstreckung von Entscheidungen im Bereich des Güterrechts eingetragener Partnerschaften (COM(2011)0127 – C7-0094/2011 – 2011/0060(CNS)).

34 Überblick zu der Entwicklung bei *Kindler* (Fn. 8), Rn. 351 ff. m.w.N.

schaltet worden ist und sich das nationale Kollisionsrecht bisher nicht für weitgehende Rechtswahlmöglichkeiten geöffnet hat.[35]

Ausgehend von ihrem gesellschaftsrechtlichen Ursprung hat die Diskussion über die privatrechtsbezogene Wirkungskraft der Grundfreiheiten mittlerweile zu der Frage geführt, ob diesen Grundfreiheiten ein allgemeines Anerkennungsprinzip dergestalt innewohnt, dass jeder Mitgliedstaat privatrechtliche „Rechtslagen" anerkennen muss, die in einem anderen Mitgliedstaat wirksam begründet worden sind, wenn sich der Sitz des betreffenden Rechtsverhältnisses später territorial verlagert.[36] Dies betrifft in jüngerer Zeit insbesondere das Problem, ob familienrechtliche Statusverhältnisse, zum Beispiel Namensverhältnisse, die in einem Mitgliedstaat erworben worden sind, unabhängig von den rechtlichen Regelungen des aufnehmenden Mitgliedstaats anerkannt werden müssen. Der EuGH hat zu diesem Problem bisher gewisse Eckpunkte herausgearbeitet,[37] aber noch keine umfassende Klärung bewirkt.

Auch wenn die Reichweite und die Durchschlagskraft des grundfreiheitlich induzierten Anerkennungsprinzips teilweise noch unscharf erscheinen, steht jedoch fest, dass dieses Prinzip ein erhebliches Potential dafür besitzt, präferenzorientierte Wahlhandlungen der Privatrechtssubjekte zu ermöglichen und damit auf der Nachfrageseite einen verstärkten horizontalen Regulierungswettbewerb auszulösen. Zwar bleibt das Maß an Wahlfreiheit, welches das Anerkennungsprinzip gewährleistet, insoweit hinter genuin kollisionsrechtlichen Lösungen zurück, als in seinem Rahmen eine bestimmte Rechtslage zumindest im Ausland geschaffen worden sein muss, damit sie im Inland anerkannt wird. Beispielsweise ist es auch auf der Grundlage der Rechtsprechung des EuGH nicht möglich, in Deutschland selbst eine Gesellschaft nach englischem Recht zu gründen. Offen steht den Privatrechtssubjekten aber im Rahmen des Anerkennungsprinzips eine sogenannte Beeinflussung von Anknüpfungstatsachen,

35 Vgl. *Basedow*, Das Prinzip der gegenseitigen Anerkennung im internationalen Wirtschaftsverkehr, in: FS Dieter Martiny, 2014, S. 243 (246 ff.); *Grünberger*, Alles obsolet? – Anerkennungsprinzip vs. klassisches IPR –, in: Leible/Unberath (Hg.), Brauchen wir eine Rom 0-Verordnung?, 2013, S. 81 (88 ff.) m.w.N.

36 Eingehend hierzu *Grünberger* (Fn. 35), S. 81 und *Mansel*, Anerkennung als Grundprinzip des Europäischen Rechtsraums, RabelsZ 70 (2006), 651; im Überblick auch *Basedow* (Fn. 35), S. 246 ff.

37 Siehe insbesondere die Entscheidungen EuGH, *Garcia Avello*, Slg. 2003 I-11613; *Grunkin und Paul*, Slg. 2008 I-7639 und *Sayn-Wittgenstein*, Slg. 2010 I-13693.

etwa in Gestalt der Gründung einer Gesellschaft in England und ihrer späteren Sitzverlegung nach Deutschland.[38] Zudem kann sich aus dem Anerkennungsprinzip geradezu ein faktischer Zwang für die mitgliedstaatlichen Gesetzgeber ergeben, ihr jeweiliges nationales Kollisionsrecht im Sinne einer Öffnung für privatautonome Wahlmöglichkeiten umzugestalten. So bildete es etwa für die deutsche Rechtsordnung nach den Urteilen des EuGH zur grenzüberschreitenden Sitzverlegung von Gesellschaften keine gangbare Option, lediglich die Rechtsfähigkeit einer im Ausland gegründeten Gesellschaft anzuerkennen, aber alle weiteren gesellschaftsrechtlichen Fragen in Anknüpfung an den realen Gesellschaftssitz und somit nach deutschem Recht zu beurteilen. Dies würde zu einer sinnwidrigen Aufspaltung zusammenhängender Regelungsfragen führen.[39] Beispielsweise muss sich bei einer Gesellschaft, die nach englischem Recht ohne nennenswertes Grundkapital als Körperschaft gegründet werden kann (Stichwort: Limited), auch eine etwaige Durchgriffshaftung gegenüber den Gesellschaftern wohl sinnvollerweise nach englischem Recht bemessen und kann kaum nach deutschem Recht beurteilt werden, dessen haftungsrechtliche Kautelen auf der Prämisse strengerer Eigenkapitalanforderungen entwickelt worden sind. Um derartige Folgeprobleme zu lösen, werden Gesellschaften, die im mitgliedstaatlichen Ausland gegründet worden sind, vor deutschen Gerichten nunmehr nicht nur im Hinblick auf ihre Rechtsfähigkeit, sondern in vielen zentralen verbandsrechtlichen Fragen nach dem jeweiligen Gründungsrecht beurteilt.[40] Somit erfolgt nahezu zwangsläufig eine Rückübersetzung des aus den Grundfreiheiten entwickelten Anerkennungsprinzips in das mitgliedstaatliche Kollisionsrecht.[41]

---

38 Vgl. *Eidenmüller* (Fn. 4), 642 in Fn. 5 und *Rühl* (Fn. 12), 65. Einen vergleichbaren, den Wettbewerb zwischen Justizsystemen befördernden Effekt können auf verfahrensrechtlicher Ebene die Regelungen zur unionsweiten Urteilsanerkennung und -vollstreckung auslösen; vgl. *Hess*, Die Zukunft des Vorabentscheidungsverfahrens nach Art. 19 EUV und Art. 267 AEUV, in: Gsell/Hau (Hg.), Zivilgerichtsbarkeit und Europäisches Justizsystem, 2012, S. 181 (193 f.) sowie *Calliess*, Der Richter im Zivilprozess – Sind ZPO und GVG noch zeitgemäß?, Gutachten A zum 70. Deutschen Juristentag, in: Verhandlungen des 70. Deutschen Juristentages, 1. Band, 2014, A 5 (A 34).

39 Dazu, dass sich aus dem Anerkennungsprinzip nahezu zwangsläufig Folge- und Sachzusammenhangsprobleme ergeben, *Basedow* (Fn. 35), S. 253.

40 Im Einzelnen ist hier allerdings noch vieles strittig; vgl. den umfangreichen Überblick bei *Kindler* (Fn. 8), Rn. 521 ff.

41 Siehe *Basedow* (Fn. 35), S. 253 und *Mansel* (Fn. 36), 674 ff.

Letzteres schwenkt in den grundfreiheitlich überformten Bereichen auf das sogenannte Herkunftslandprinzip um, nach dem ein Privatrechtsverhältnis anhand der Regelungen seines Ursprungsorts behandelt wird.[42]

2. Angebotsseite

Aus der Perspektive der Angebotsseite, d.h. der mitgliedstaatlichen Gesetzgeber, unterliegt ein horizontaler Regulierungswettbewerb spiegelbildlich betrachtet ähnlichen Voraussetzungen, wie sie vorstehend für die Nachfrageseite geschildert wurden. So müssen die nationalen Gesetzgeber, erstens, eine nutzenmaximierende Haltung gegenüber ihrer Rechtssetzungstätigkeit einnehmen und, zweitens, aufgrund der sie bindenden rechtlichen Vorgaben dazu in der Lage sein, eine wettbewerbsorientierte Rechtsgestaltung vorzunehmen.

a) Existenz und Grenzen einer nutzenmaximierenden Rechtseinstellung

Ein angebotsbezogener Rechtswettbewerb kann nur dann entstehen, wenn die mitgliedstaatlichen Gesetzgeber an einer starken Nachfrage nach ihren Rechtsprodukten interessiert sind. Anders gesprochen müssen sie eine Anwendung ihres Privatrechts auf eine möglichst große Zahl von Rechtsbeziehungen erstreben.

Ein solches Interesse ist häufig bezweifelt worden.[43] Vielmehr stünden die mitgliedstaatlichen Gesetzgeber der Frage, ob auf bestimmte Privatrechtsverhältnisse ihr eigenes oder ein fremdes Recht Anwendung finde, typischerweise indifferent gegenüber. Dies gelte zumindest im Bezugsrahmen der EU, in dem die Steuer- und Gebührenpflichtigkeit der Rechtssubjekte regelmäßig nicht an die Anwendbarkeit eines bestimmten Privatrechts gebunden sei.[44] Dem wird jedoch entgegengehalten, dass ein erwei-

42 Im Überblick zu der Unterscheidung, aber auch zu den Zusammenhängen zwischen dem Anerkennungs- und dem Herkunftslandprinzip *Mankowski*, Herkunftslandprinzip, in: Basedow/Hopt/Zimmermann (Hg.), Handwörterbuch des Europäischen Privatrechts, 1. Band, 2009, S. 825 (826 f.).

43 Vgl. *Kieninger* (Fn. 1), S. 184 ff., 312 ff.; *Vogenauer* (Fn. 16), S. 237 ff.

44 Zur abweichenden Lage im US-Gesellschaftsrecht statt aller *Kieninger* (Fn. 1), S. 177 ff.

terter Anwendungsbereich des eigenen Privatrechts zugleich den heimischen Sektor juristischer Dienstleister stärke und sich hieraus erhebliche mittelbare fiskalische Vorteile ergeben könnten.[45] Zudem böte es für die ex- oder importierende heimische Wirtschaft Vorteile, insbesondere in der Gestalt reduzierter Transaktionskosten, wenn das eigene Recht international eine große Verbreitung aufweise und daher als stabile Plattform für die jeweilige Geschäftstätigkeit dienen könne.[46] Dieser Gedanke lässt sich dahingehend auf die politische Ebene erweitern, dass mit dem Grad der Verbreitung des eigenen (Privat-)Rechts auch der Einfluss eines Staats bei der Gestaltung internationaler Beziehungen steigen mag. Weiterhin können aus der Anwendung eines fremden Rechts durch heimische Gerichte nicht unerhebliche Friktionen für das Justizsystem entstehen,[47] weshalb auch unter diesem Aspekt ein staatliches Interesse plausibel erscheint, der eigenen Privatrechtsordnung zumindest im Bereich der eigenen Jurisdiktion ein höchstmögliches Maß an praktischer Wirksamkeit zu erhalten. Schließlich weisen manche Autoren in Anknüpfung an die Modelle der *Public Choice Theory* darauf hin, dass bei der Analyse der Anreizsituation nicht nur das Interesse des Staats als institutioneller Einheit zu beachten sei, sondern auch die individuelle Interessenlage der Mandats- und Amtsträger, die das Privatrecht gestalteten. Beispielsweise seien die in den nationalen Ministerien tätigen Beamten bereits aufgrund ihres Selbstverständnisses typischerweise daran interessiert, dass das eigene Recht nicht zu einem auf der Nachfrageseite ungeliebten „Ladenhüter“ herabsinke.[48] Dieser Aspekt berührt zumindest insoweit einen interessanten Punkt, als die Motivation der Entscheidungsträger in diesem gedanklichen Ansatz nicht notwendigerweise auf egoistische Motive wie persönlichen Ehrgeiz und den Schutz individueller Entscheidungsmacht reduziert werden muss, sondern durchaus auch normativ anschlussfähigere Aspekte wie die Überzeugung von den Grundwertungen des eigenen Rechts und von der Daseinsberechtigung der eigenen Rechtskultur einbeziehen kann.

Generelle Feststellungen dazu, in welchem Maße die mitgliedstaatlichen Gesetzgeber wirklich nach einer Maximierung oder Optimierung des

45 *Eidenmüller* (Fn. 4), 643; *ders.* (Fn. 12), S. 584.

46 *Eidenmüller* (Fn. 4), 643; *Kern* (Fn. 23), 192.

47 Zu diesen näher unten C. I. 2.

48 *Bachmann* (Fn. 1), S. 25; *Zimmer*, Zwischen Theorie und Empirie: Zur Konkurrenz der Gesetzgeber im Gesellschaftsrecht, in: FS Karsten Schmidt, 2009, S. 1789 (1800).

praktischen Anwendungsbereichs ihrer Privatrechtsordnungen streben, lassen sich nur schwer treffen. Während etwa im Gesellschaftsrecht infolge der EuGH-Rechtsprechung zu grenzüberschreitenden Sitzverlegungen zum Beispiel in Deutschland erhebliche Reformbemühungen erkennbar waren, auf die sogleich zurückzukommen ist, sind entsprechend ausgerichtete Reformbestrebungen beispielsweise im Vertragsrecht weniger zu beobachten.

Auffällig ist allerdings, dass einige Mitgliedstaaten sich in den vergangenen Jahren zumindest verstärkt darum bemüht haben, die tatsächlichen oder vermeintlichen Vorzüge ihrer jeweiligen Privatrechtsordnungen zu bewerben. Den Ausgangspunkt dieser pointiert als „*Battle of the Brochures*“[49] bezeichneten Entwicklung bildete im Jahr 2007 die Publikation „*England and Wales: The Jurisdiction of Choice*“, welche die *Law Society* in Kooperation mit dem englischen Justizministerium herausgab. Unter ausdrücklicher Betonung des staatlichen Interesses an einem prosperierenden Sektor britischer Rechtsdienstleister erläuterte diese Broschüre die Vorzüge, die das englische Recht und die englische Gerichtsbarkeit sowie alternative Streitlösungsmechanismen britischer Provenienz, insbesondere Schiedsverfahren, für die Abwicklung internationaler Wirtschaftsbeziehungen bieten sollen. In Reaktion hierauf bildeten sich in Deutschland im Jahr 2008 aus zahlreichen berufsständischen Vereinigungen und ebenfalls mit ministerieller Unterstützung die Initiative „*Law made in Germany*“ und das „Bündnis für das deutsche Recht“. In erkennbarer Reaktion auf den britischen Vorstoß haben sich diese Initiativen zum Ziel gesetzt, vor allem den Entscheidungsträgern der Wirtschaft die Vorzüge des deutschen Rechts zu verdeutlichen und auf diesem Wege eine zunehmende Abwanderung mit Deutschland verknüpfter Privatrechtsbeziehungen in das *common law* zu verhindern. Seit dem Jahr 2011 existiert schließlich auch eine gemeinsame deutsch-französische Initiative, die auf allgemeinerer Ebene das Ziel verfolgt, die Vorzüge des kontinentaleuropäischen Rechts zu bewerben.[50]

Mag man somit zumindest auf der Ebene des Rechtsmarketings sowohl diesseits als auch jenseits des Ärmelkanals eine verstärkt wettbewerbsorientierte Einstellung der Normanbieter konstatieren, so lassen sich hierbei doch unterschiedliche Qualitäten in den jeweiligen Vorgehensweisen fest-

49 *Vogenauer* (Fn. 16), S. 239 ff.
50 Siehe http://www.kontinentalesrecht.de/.

stellen. Während für England durchaus der Impetus erkennbar ist, die eigenen Anteile am internationalen Rechtsmarkt zum Vorteil des britischen Dienstleistungssektors zu maximieren,[51] muss im Fall von Deutschland hingegen wohl von einem eher defensiv orientierten „Verteidigungswettbewerb" gesprochen werden.[52] Dieser zielt weniger auf die Eroberung neuer Marktanteile ab, sondern soll lediglich allzu starke Abwanderungsbewegungen in das *common law* aufhalten und somit einen als angemessen empfundenen status quo der Marktaufteilung sichern und hiermit zugleich eine übermäßige Marginalisierung der deutschen Rechtskultur sowie der hinter dieser Kultur stehenden Grundwertungen verhindern.[53]

Diese Einschätzung untermauert ein Blick auf diejenigen Reformen, die im deutschen Privatrecht seit dem Aufkommen der Idee eines horizontalen Regulierungswettbewerbs durchgeführt worden sind oder die gegenwärtig diskutiert werden. Solche Reformen zielen regelmäßig nicht auf die Entwicklung eigenständiger innovativer Rechtsprodukte ab, sondern versuchen nicht selten, gewisse Stilelemente anglo-amerikanischen Rechtsdenkens in das deutsche Recht zu importieren und hierdurch einerseits Verkehrsbedürfnissen entgegenzukommen, andererseits aber zugleich eine praktische Wirksamkeit deutschen Rechtsdenkens und deutscher Rechtskultur zu wahren. Paradigmatisch hierfür steht wiederum der Bereich des Gesellschaftsrechts: So hat der deutsche Gesetzgeber im Jahr 2008 mit der haftungsbeschränkten Unternehmergesellschaft *cum grano salis* eine grundkapitalfreie Form der GmbH geschaffen und somit das dem deutschen Recht vormals fremde Modell der englischen Limited-Gesellschaft imitiert, nach dem ein Ausschluss der persönlichen Gesellschafterhaftung auch ohne einen nennenswerten Pflichtkapitalstock möglich ist. In eine

---

51 *Vogenauer* (Fn. 16), S. 266 ff.

52 So mit Blick auf das Gesellschaftsrecht insbesondere *von Hein*, Die Rezeption US-amerikanischen Gesellschaftsrechts in Deutschland, 2008, S. 590 und in der Folge *Bachmann* (Fn. 1), S. 26; *Fleischer* (Fn. 1), 250; *Grundmann* (Fn. 1), 509; *Klöhn* (Fn. 11), 293 ff. und *Tröger/Pfaffinger*, Partnerschaftsgesellschaft mit beschränkter Berufshaftung, JZ 2013, 812.

53 Trotz des Phänomens der „Konvergenz der Rechtsordnungen" werden mit plausiblen Gründen immer noch gewisse grundlegende rechtskulturelle Unterschiede zwischen dem *common law*-Raum und dem deutschen Recht identifiziert; hierzu exemplarisch *Stürner*, Privatautonomie und Wettbewerb unter der Hegemonie der angloamerikanischen Rechtskultur?, AcP 210 (2010), 105 (118 ff.) und *Bruns*, Einheitlicher kollektiver Rechtsschutz in Europa?, ZZP 125 (2012), 399 (402 ff.).

ähnliche Richtung weist die Einführung einer Partnerschaftsgesellschaft mit beschränkter Berufshaftung im Jahr 2013. Diese Gesellschaftsform wurde insbesondere von einigen größeren Rechtsanwaltssozietäten gefordert und ermöglicht es Freiberuflergemeinschaften in Anlehnung an das anglo-amerikanische Modell der *Limited Liability Partnership* nunmehr, auch für berufsbezogene Pflichtverletzungen eine persönliche Haftung auszuschließen, ohne eine kapitalgesellschaftliche Organisationsform zu wählen und somit unerwünschte gewerbesteuerliche Effekte auszulösen.[54] In eine ganz ähnliche Richtung eines Defensivwettbewerbs gegenüber dem *common law* weist schließlich im Bereich des Prozess- und Gerichtsverfassungsrechts die aktuelle Diskussion über die Einführung englischsprachiger Gerichtsverfahren in Wirtschaftssachen auf der Ebene der Landgerichte.[55] Dieser Vorstoß verfolgt das Ziel, die Attraktivität der deutschen Gerichtsbarkeit für wirtschaftsrechtliche Streitigkeiten zu steigern und hierdurch der zunehmenden Abwanderung der Konfliktlösung in die *common law*-Jurisdiktionen oder die (englischsprachige) Schiedsgerichtsbarkeit entgegenzuwirken.

Allerdings droht ein derartiger Defensivwettbewerb stets in eine gewisse Gratwanderung zu münden.[56] Einerseits steht hinter dieser Form des Wettbewerbsverhaltens kein Maximierungsstreben im ökonomischen Sinne, fehlt doch den deutschen Reformbestrebungen erkennbar der robust-pragmatische Führungsanspruch angelsächsischer Provenienz. Vielmehr lässt sich der wettbewerblich-defensiv agierende Normanbieter von dem Ziel leiten, eine wie auch immer genau definierte „angemessene" praktische Wirksamkeit der eigenen Rechtsordnung und Rechtskultur angesichts zunehmend nutzenmaximierender Wahlentscheidungen der Rechtsnachfrager zu bewahren. Andererseits kann dieses Ziel aber, wie angedeutet, nur dadurch erreicht werden, dass die betreffende Rechtskultur durch

---

54 Zu den Hintergründen *Tröger/Pfaffinger* (Fn. 52), 812 m.w.N.

55 Siehe den Entwurf eines Gesetzes zur Einführung von Kammern für internationale Handelssachen (KfiHG), BT-Drucks. 18/1287 sowie aus der wissenschaftlichen Diskussion *Armbrüster*, Englischsprachige Zivilprozesse vor deutschen Gerichten?, ZRP 2011, 102; *Flessner*, Deutscher Zivilprozess auf Englisch, NJOZ 2011, 1913; *Kern* (Fn. 23), 187 und *Prütting*, In Englisch vor deutschen Gerichten verhandeln?, AnwBl. 2010, 113.

56 Vgl. allgemein *Maultzsch*, Anglo-amerikanische Rechtshegemonie in Deutschland und Europa?, in: Fachbereich Rechtswissenschaft der Goethe-Universität Frankfurt am Main (Hg.), 100 Jahre Rechtswissenschaft in Frankfurt, 2014, S. 50[illegible].

fremde Stilelemente relativiert wird, die typischerweise den umfassend expansiv agierenden Mitbewerbern entlehnt sind. Dies wirft zum einen die aus der allgemeinen Diskussion um „*Legal Transplants*“ bekannte Problematik auf, dass sich selektive Rechtsimporte aufgrund ihrer Wechselwirkungen mit anderen Regelungselementen häufig nur schwer in den Gesamtrahmen einer Rechtsordnung einpassen lassen.[57] Zum anderen droht ein Defensivwettbewerb, der das Ziel eines größtmöglichen praktischen Schutzes der eigenen Rechtskultur verfolgt, seinen eigenen Zweck zu unterminieren, je höher das Maß an Rechtsimporten steigt und je stärker somit die jeweilige Rechtskultur relativiert wird. An welcher Stelle insoweit die Grenzlinie zwischen einer sinnvollen, den legitimen Bedürfnissen der Nachfrageseite Rechnung tragenden Modernisierung des eigenen Rechts und einer unbotmäßigen Preisgabe des Identitätskerns der eigenen Rechtskultur liegt, ist naturgemäß schwer zu bestimmen. Beispielsweise wird die Einführung der haftungsbeschränkten Unternehmergesellschaft in Deutschland als Reaktion auf den zunehmenden Wettbewerb der Gesellschaftsrechte nicht selten begrüßt, da die marktordnenden Effekte eines Pflichtkapitalstocks im Sinne der klassischen GmbH ohnehin zweifelhaft seien.[58] Demgegenüber mag man etwa die Konstruktion der Partnerschaftsgesellschaft mit beschränkter Berufshaftung kritischer sehen. Denn es stellt sich die Frage, ob der Wunsch von Berufsträgern, einerseits den nicht zuletzt steuerlich privilegierten Status einer Freiberuflergesellschaft zu genießen, andererseits aber jede persönliche Haftung ausschließen zu können, wirklich legitim ist oder ob dies das Leitbild des Freien Berufs nicht doch im Kern verwässert.[59] Ähnlich ambivalent wird unter rechtskulturellen Aspekten auch der Vorstoß beurteilt, die internationale Attraktivität der deutschen Gerichtsbarkeit durch das Angebot englischsprachiger Verfahren zu erhöhen.[60] Einerseits kann ein solches Angebot der zunehmenden praktischen Marginalisierung der deutschen Justiz in wirt-

---

57 Hierzu im Zusammenhang mit der Idee des Regulierungswettbewerbs statt aller *Leible* (Fn. 1), 380 sowie allgemein *Rehm*, Rechtstransplantate als Instrument der Rechtsreform und -transformation, RabelsZ 72 (2008), 1.

58 Siehe etwa *Eidenmüller* (Fn. 4), 645 und *Zimmer* (Fn. 48), S. 1798; im Vorfeld bereits *Eidenmüller* (Fn. 12), S. 593.

59 *Tröger/Pfaffinger* (Fn. 52), 820 f. erwägen, die drohenden Friktionen durch eine bestehenbleibende Binnenhaftung der Berufsträger für Pflichtverletzungen gegenüber der Partnerschaftsgesellschaft abzumildern.

60 Kritisch vor allem *Flessner* (Fn. 55); differenzierend und eingehend *Kern* (Fn. 23), 200 ff.

schaftsrechtlichen Streitigkeiten entgegenwirken, andererseits aber zumindest langfristig auch einen erhöhten Assimilationsdruck erzeugen, wenn mit der Sprache hoheitlich verfasster Gerichtsverfahren ein wichtiger Eckpfeiler rechtskultureller Identität zur Disposition gestellt wird.

Zusammenfassend zeigen sich die mitgliedstaatlichen Gesetzgeber zunehmend offen gegenüber wettbewerblich orientierten Rechtssetzungsmodellen im Privatrecht. Dies geschieht jedoch nur zum Teil – so etwa in England – im Sinne eines vollumfänglichen Strebens nach größtmöglichen Marktanteilen, zum Teil – so etwa in Deutschland – hingegen vornehmlich im Sinne eines Defensivwettbewerbs. Letzterer mag im Ergebnis jedoch unter Umständen weder ökonomischen Nutzenkalkülen noch einer intrinsisch motivierten Verteidigung der eigenen Rechtskultur gerecht werden.

b) Umsetzungsspielräume für eine nutzenmaximierende Rechtseinstellung

Seltener als die Frage, ob die mitgliedstaatlichen Gesetzgeber tatsächlich eine wettbewerbsorientierte Rechtssetzungsstrategie im Privatrecht anstreben, wird das Problem analysiert, inwieweit ihnen die Vorgaben höherrangigen Rechts überhaupt eine derartige Strategie gestatten.[61] Insoweit ist insbesondere zu fragen, inwiefern es das jeweilige nationale Verfassungsrecht erlaubt, die Privatrechtsordnung an reinen Nutzenerwägungen oder – technisch gesprochen – am ökonomischen Effizienzkriterium auszurichten.

Ob das Effizienzdenken ein verfassungsrechtlich zulässiges und somit der Legislative umfassend zur Verfügung stehendes Leitbild für die Gesetzgebung darstellt, ist in Deutschland vor allem in den 1980er und 1990er Jahren in Auseinandersetzung mit dem Bedeutungszuwachs der ökonomischen Analyse des Rechts diskutiert worden.[62] Die Meinungen hierzu reichen weit auseinander und können an dieser Stelle keiner näheren Beurteilung unterzogen werden. Zumindest Teile des Meinungsspekt-

---

61 Vgl. aber *Eidenmüller* (Fn. 4), 648 zur politisch-rechtlichen Verfasstheit des Regulierungswettbewerbs.

62 Siehe die Debatte zwischen *Fezer*, Aspekte einer Rechtskritik an der economic analysis of law und am property rights approach, JZ 1986, 817 und *Ott/Schäfer*, Die ökonomische Analyse des Rechts – Irrweg oder Chance wissenschaftlicher Rechtserkenntnis?, JZ 1988, 213 sowie grundlegend *Eidenmüller*, Effizienz als Rechtsprinzip, 3. Aufl. 2005, S. 414 ff.

rums leiten jedoch aus den Vorgaben der Grundrechte, etwa aus der Garantie der Menschenwürde, sowie aus der Grundidee eines demokratischen Gemeinwesens ab, dass ein rein wettbewerbs- und präferenzorientierter Gesetzgebungsansatz unzulässig sei.[63] Diese Bedenken mögen in unterschiedlichen Bereichen des Privatrechts ein unterschiedliches Gewicht haben. Soweit allerdings abweichende verfassungsrechtliche Bindungen vorliegen, ist es selbst einem kompetitiv orientierten Gesetzgeber nicht möglich, sein Recht entsprechend auszugestalten. Wollte man sich beispielsweise auf den Standpunkt stellen, dass die unternehmerische Mitbestimmung deutscher Prägung nicht nur eine zulässige Beschränkung der Eigentumsfreiheit der Unternehmensinhaber aus Art. 14 GG darstellt, sondern dass ihre Gewährleistung sogar in einem gewissen Maße selbst verfassungsrechtlich durch die Koalitionsfreiheit aus Art. 9 Abs. 3 GG geboten ist,[64] wäre es dem deutschen Gesetzgeber nicht möglich, diese verfassungsrechtlich garantierte Mitbestimmung abzuschaffen, auch wenn ökonomische Effizienzgesichtspunkte dies nahelegen sollten[65] und das deutsche Gesellschaftsrecht insofern im internationalen Rechtswettbewerb in Rückstand zu geraten drohte. Eine umfassende Erörterung der verfassungsrechtlichen Vorgaben für das Angebotsverhalten der mitgliedstaatlichen Gesetzgeber im horizontalen Regulierungswettbewerb steht allerdings noch aus.

III. Folgeprobleme eines horizontalen Regulierungswettbewerbs

Wurden vorstehend die wesentlichen Voraussetzungen und Rahmenbedingungen eines horizontalen Regulierungswettbewerbs in der EU skizziert, sollen nun zwei wichtige Folgeprobleme eines wettbewerbsorientierten Rechtssetzungsmodells erörtert werden. Zum einen gilt es, aus einer marktinternen Perspektive zu fragen, inwiefern für das Privatrecht typischerweise von einem störungsfreien Rechtswettbewerb gesprochen wer-

---

63 In dieser Richtung vor allem *Fezer* (Fn. 62). Zu den Implikationen des Demokratieprinzips für die Idee des Rechtswettbewerbs im europäischen Rahmen noch unten C. II. 2.

64 So insbesondere *Däubler*, Das Grundrecht auf Mitbestimmung, 1973, S. 129 ff.; hiergegen aber *Scholz*, in: Maunz/Dürig (Hg.), Grundgesetz, Art. 9 Rn. 289, Stand 2014.

65 Vgl. dazu *Eidenmüller* (Fn. 12), S. 588 f.

den kann oder ob nicht vielmehr ein gemeinwohlschädliches Versagen des Rechtsmarkts zu befürchten ist. Zum anderen sind aus einer externen normativen Perspektive Bedenken zu erörtern, die gegen einen europarechtlich induzierten Regulierungswettbewerb vorgebracht werden.

1. Funktionsbedingungen des horizontalen Rechtswettbewerbs: „*race to the top*" oder „*race to the bottom*"?

Die plastische Grundidee des horizontalen Regulierungswettbewerbs besteht darin, dass Rechtswahlmöglichkeiten der Bürger und Unternehmen eine kompetitive Konkurrenz der mitgliedstaatlichen Gesetzgeber anregen und sich hierdurch ein wohlfahrtsmaximierendes Equilibrium in Gestalt besserer Rechtsqualität einstellt. Nach den traditionellen ökonomischen Lehren kann ein Rechtsmarkt ein derartiges *race to the top* jedoch nur unter zwei Voraussetzungen bewirken:[66] Zum einen dürfen zwischen den Akteuren des Markts keine relevanten Informationsasymmetrien bestehen, die es den besser informierten Teilnehmern erlauben würden, zu Lasten anderer Teilnehmer übermäßige private Renten zu extrahieren. Zum anderen droht ein ineffizientes *race to the bottom* auch dann, wenn die im Markt getroffenen Entscheidungen relevante Nachteile für Dritte erzeugen, welche die rechtswählenden Akteure als sogenannte Externalitäten nicht in ihr Verhalten einkalkulieren, die aber gleichwohl die gesamtgesellschaftliche Effizienz der Wahlentscheidungen beeinflussen. Soweit derartige marktstörende Faktoren vorliegen, müssen diese wiederum durch eine auf zweiter Stufe angesiedelte rechtliche „Metaordnung" ausgeglichen werden, die den auf erster Stufe stattfindenden Rechtswettbewerb strukturiert.[67]

Inwiefern der Markt für Privatrecht durch unbewältigte Informationsasymmetrien oder negative externe Effekte geprägt ist, die seine Leis-

---

66 Siehe hierzu *Rühl*, The Choice of Law Framework for Efficient Regulatory Competition in Contract Law, in: Eidenmüller (Hg.), Regulatory Competition in Contract Law and Dispute Resolution, 2013, S. 287 (293 f.) und *dies*. (Fn. 12), 84 ff

67 Sehr skeptisch zur Idee einer friktionsarmen rechtlichen Metaordnung des Rechtswettbewerbs aber vor allem *Sinn*, The Selection Principle and Market Failure in Systems Competition, Journal of Public Economics 66 (1997), 247 und *ders*., The New Systems Competition, 2003; einschränkend hierzu *Engert* (Fn. 21), S. 307 ff.

tungsfähigkeit in Frage stellen, bildet eine komplexe Frage, die nicht pauschal, sondern nur jeweils gesondert für Teilbereiche wie etwa das Gesellschaftsrecht, das Vertragsrecht oder das außervertragliche Haftungsrecht beantwortet werden kann.[68] Beispielsweise wird für die Konkurrenz unter den einzelstaatlichen Gesellschaftsrechten in den USA, die gleichsam die Wurzel des horizontalen Regulierungswettbewerbs bildet, bereits seit mehreren Jahrzehnten beständig darüber gestritten, ob der Siegeszug des Rechts von Delaware eine gesamtgesellschaftliche Nutzenmaximierung verkörpert. Manche nehmen dies im Sinne eines *race to the top* an, während andere von einem *race to the bottom* ausgehen, das es dem Management der in Delaware inkorporierten Gesellschaften gestattet, aufgrund von Informationsasymmetrien zu Lasten der *shareholder* bzw. aufgrund von externen Effekten zu Lasten dritter *stakeholder* unbotmäßige private Renten zu generieren.[69] Vor dem Hintergrund dieser komplizierten Lage können im Folgenden nur einige exemplarische Gedanken zu den Effizienzbedingungen des Regulierungswettbewerbs in der EU geäußert werden.

a) Informationsasymmetrien

Das Problem asymmetrischer Informationen bei privatrechtsbezogenen Wahlhandlungen ist im Zuge der Ausgestaltung des europäisch-vereinheitlichten Internationalen Privatrechts durchaus nicht unberücksichtigt geblieben. Beispielsweise sind die Rechtswahlmöglichkeiten bei Unternehmer-Verbraucher-Verträgen und bei Arbeitsverträgen durch ein zum Wohle der Verbraucher und der Arbeitnehmer wirkendes Günstigkeitsprinzip eingeschränkt worden, das den begrenzten Informationsgrundlagen Rechnung trägt, anhand derer diese Marktteilnehmer typischerweise Rechtswahlvereinbarungen abschließen.[70]

---

68 Allgemeiner, über den Bereich des Privatrechts hinausgehender, instruktiver Überblick bei *Peters* (Fn. 4), 32 ff. m.w.N.

69 Zusammenfassend hierzu im deutschen Schrifttum *Eidenmüller* (Fn. 12), S. 585 ff.; *Merkt*, Das Europäische Gesellschaftsrecht und die Idee des „Wettbewerbs der Gesetzgeber“, RabelsZ 59 (1995), 545 (549 ff.) und *Heine*, Regulierungswettbewerb im Gesellschaftsrecht, 2003, S. 89 ff.

70 Vgl. Art. 6 Abs. 2 und 8 Abs. 1 Rom I-VO sowie aus rechtsökonomischer Perspektive erläuternd hierzu *Rühl*, Statut und Effizienz, 2011, S. 555 ff.

Der Aspekt defizitärer Informationen über die Folgen der eigenen Wahlentscheidungen erscheint aber beispielsweise auch im Bereich der Gesellschaftsgründungen durch Kleinunternehmer relevant. So hat zwar die Niederlassungs-Rechtsprechung des EuGH in Deutschland für einige Jahre geradezu einen Boom an Gründungen von Kleinunternehmen in der Form englischer Limited-Gesellschaften ausgelöst.[71] Auf diesen Boom ist aber eine nahezu ebenso große Welle von Abmeldungen derartiger Gesellschaften in dem Zeitpunkt gefolgt, in dem den Gesellschaftern nach einigen Jahren des Geschäftsbetriebs die Folgekosten dieser Entscheidung – insbesondere in Gestalt aufwändiger Rechnungslegungs- und Berichtspflichten nach englischem Recht – vor Augen traten.[72] Insofern haben die Gesellschaftsgründer die langfristigen Kosten einer Auslandsinkorporation gegenüber den kurzfristigen, im Gründungsstadium anfallenden und durch eine spezialisierte Dienstleistungsbranche intensiv beworbenen Vorteilen systematisch unterschätzt.[73] Vor diesem Hintergrund kann die Einführung der haftungsbeschränkten Unternehmergesellschaft durch den deutschen Gesetzgeber, die den Anreiz für die Gründung von englischen Limited-Gesellschaften weitgehend beseitigt hat, nicht nur als ein Mittel zur Stärkung des deutschen Rechtsstandorts interpretiert werden, sondern auch als ein paternalistisch-wohlmeinendes Schutzinstrument für deutsche Kleinunternehmer.

In anderen Bereichen mögen sich rechtsbezogene Informationsasymmetrien wiederum durch rein marktinterne Mechanismen und ohne ein gegensteuerndes Eingreifen des Europäischen oder des mitgliedstaatlichen Gesetzgebers ausgleichen. Dies betrifft beispielsweise die Wahl eines effizienten und nicht durch die privaten Interessen einzelner Beteiligter verzerrten Rechtsrahmens börsennotierter Unternehmen.[74] Hier macht es der öffentliche Preisbildungsmechanismus für die Gesellschaftsanteile typischerweise entbehrlich, dass alle Anleger die Konsequenzen der jeweiligen rechtlichen Arrangements überblicken, und es reicht aus, dass eine kritische Masse professioneller Anleger – im ökonomischen Duktus als

71 Zu den Zahlen *Zimmer* (Fn. 48), S. 1791 f. m.w.N.

72 *Zimmer* (Fn. 48), S. 1792 f.

73 Hierzu unter dem verhaltenswissenschaftlichen Aspekt des „hyperbolischen Diskontierens" zeitlich entfernter Folgewirkungen von Auswahlentscheidungen *Eidenmüller* (Fn. 4), 650 f.

74 *Zimmer* (Fn. 48), S. 1802.

„*informed minority*" bezeichnet – wie eine marktbereinigende Privataufsicht zum Wohle aller Anleger agiert.[75]

b) Externe Effekte

Auch die Problematik negativer externer Effekte, die mit rechtsbezogenen Wahlentscheidungen verbunden sein können, wird für das Privatrecht lebhaft diskutiert.[76]

Ein klassisches Beispiel hierfür bildet das Recht der außervertraglichen Haftung. Insofern besteht das Risiko, dass sich die Anbieter von Produkten oder Dienstleistungen gezielt in solchen Staaten niederlassen, die vergleichsweise niedrige Schutzstandards anlegen, um im Fall der Schädigung Dritter geringen Haftungsrisiken ausgesetzt zu sein. Das Internationale Privatrecht der EU hat hierauf im Rahmen des Sekundärrechts dahingehend reagiert, dass nach Art. 4 Abs. 1 Rom II-VO für die außervertragliche Haftung grundsätzlich das Recht des Orts des Schadenseintritts gilt und nicht der Ort des Vollzugs der schädigenden Handlung, um einem regulierungsrechtlichen *race to the bottom* entgegenzuwirken. Die Lage wird jedoch wiederum dadurch verkompliziert, dass das primärrechtliche Anerkennungsprinzip es den Mitgliedstaaten nur begrenzt gestattet, an Verhaltensweisen, die sich in ihrem Territorium schädigend auswirken, die aber in einem anderen Mitgliedstaat im Einklang mit den dortigen Rechtsvorgaben vollzogen worden sind, haftungsrechtliche Konsequenzen zu knüpfen.[77] Ein vieldiskutiertes Beispiel hierfür bildet Art. 3 Abs. 2 der E-Commerce-Richtlinie, der in Konkretisierung der primärrechtlichen Dienstleistungsfreiheit vorsieht, dass die Mitgliedstaaten nicht den freien grenzüberschreitenden Verkehr von elektronischen Dienstleistungen einschränken dürfen. Hieraus wird auch ein grundsätzliches Verbot der Anlegung nationaler Haftungsstandards abgeleitet, die strenger sind als das Recht des Herkunftsstaats der Dienstleistung.[78] Hierdurch droht jedoch, worauf beispielsweise *Peter Mankowski* hingewiesen hat, ein Versagen des Rechtsmarkts in Gestalt negativer externer Effekte, da die rechtsset-

---

75 Vgl. *Zimmer* (Fn. 48), S. 1802; in ähnlicher Richtung für den Wettbewerb der Vertragsrechtsordnungen *Rühl* (Fn. 66), S. 288 und *dies.* (Fn. 12), 68 ff.

76 Siehe *Eidenmüller* (Fn. 4), 649.

77 Im Überblick NK-BGB/*Lehmann*, 2014, Art. 17 Rom II-VO Rn. 69 ff. m.w.N.

78 EuGH, *eDate Advertising und Martinez*, Slg. 2011 I-10269.

zenden Institutionen des Herkunftsstaats typischerweise kein hinreichendes Interesse daran haben, mögliche schädliche, aber außerhalb ihres Hoheitsgebiets eintretende Folgen ihrer legislativen Tätigkeit zu berücksichtigen.[79] Dieses Risiko kann wohl nur durch die Schaffung unionsweit einheitlicher Mindestvorgaben für die Anbieter grenzüberschreitender elektronischer Leistungen eingefangen werden und somit durch einen den Regulierungswettbewerb einhegenden Harmonisierungsansatz.[80]

Letztlich können im Hinblick auf die internen Funktionsbedingungen des horizontalen Regulierungswettbewerbs auch negative externe Effekte zu Lasten des Rechtssystems selbst drohen. Je umfassendere Rechtswahlmöglichkeiten den Bürgern und Unternehmen eingeräumt werden, desto häufiger entstehen Konstellationen, in denen im Fall eines Rechtsstreits die mitgliedstaatlichen Gerichte nicht das eigene, sondern ein fremdes Recht anzuwenden haben. Hiermit sind nicht nur Risiken für die Qualität und die Zügigkeit der Rechtspflege verbunden, sondern auch nicht unerhebliche monetäre Mehrkosten.[81] Zwar gehört die Anwendung fremden Rechts vor dem Hintergrund eines modernen multilateralen Kollisionsrechts und einer stetig zunehmenden Internationalisierung der Privatrechtsbeziehungen ohne Zweifel zu den Aufgaben nationaler Gerichte. Aber zugleich überzeugt auch die Einschätzung, dass dies nur einen geringen Bruchteil der zu erledigenden Rechtssachen ausmachen darf, sollen die Justizsysteme nicht vor kaum zu bewältigende Herausforderungen gestellt werden.[82] Derartige Herausforderungen drohen jedoch im Zuge eines sich stetig ausweitenden Rechtswettbewerbs, vor dessen Hintergrund *Rolf Stürner* pointiert von rechts- und justizförmig nur schwer zu beherrschenden, tendenziell instabilen „rechtlichen Mischkulturen" gesprochen hat.[83] Die hieraus entstehenden Mehrkosten werden von den Rechtssubjekten, die entsprechende Rechtswahlentscheidungen treffen, nur zum Teil getragen, fallen im Übrigen aber als externe Effekte bei der Rechtsgemeinschaft an. Es existieren durchaus bereits gewisse Lösungsansätze, wie diese Kosten zumindest teilweise in das private Kalkül der rechtswählenden

---

79 *Mankowski* (Fn. 42), S. 828.

80 Vgl. *Mansel* (Fn. 36), 668 sowie *Bachmann* (Fn. 1), S. 29.

81 *Mankowski* (Fn. 42), S. 828; *Rühl*, Die Kosten der Rechtswahlfreiheit, RabelsZ 71 (2007), 559.

82 Vgl. *Basedow* (Fn. 24), S. 85 f.

83 *Stürner*, Markt und Wettbewerb über alles?, 2007, S. 182 ff.

Akteure re-internalisiert werden könnten,[84] doch haben diese Ansätze bisher nur wenig Niederschlag im geltenden Recht gefunden.

2. Zweifel an der normativen Legitimität eines horizontalen Regulierungswettbewerbs

Unabhängig von möglichen internen Friktionen im Modell eines horizontalen Regulierungswettbewerbs werden zunehmend auch aus einer extern-normativen Perspektive grundsätzliche Zweifel an der Legitimität eines umfassenden, durch unionsrechtliche Rechtswahlmöglichkeiten induzierten Regulierungswettbewerbs geäußert. Den Ausgangspunkt dieser Kritik bildet der Befund, dass europarechtlich gewährte Rechtswahlmöglichkeiten zu einer erhöhten Zirkulationsfähigkeit von mitgliedstaatlichen Rechtsarrangements im Unionsraum führen, gerade ohne dass in den betreffenden Sachmaterien auf der supranationalen Ebene eine Rechtsharmonisierung stattfindet.[85] Hierin wird von manchen Stimmen ein Widerspruch zu der Kompetenzverteilung zwischen der mitgliedstaatlichen Ebene und der supranationalen Ebene oder ein Widerspruch zu dem Gebot einer hinreichenden Legitimation des Rechts in seinem jeweiligen Geltungsraum erblickt. Bei der Analyse dieser Positionen bietet es sich an, wiederum danach zu unterscheiden, ob die jeweiligen Rechtswahlmöglichkeiten unmittelbar aus den Grundfreiheiten abgeleitet werden oder aus sekundärrechtlichem Kollisionsrecht folgen.

a) Rechtswettbewerb durch extensive Interpretation der Grundfreiheiten

Im Hinblick auf die Kompetenzverteilung zwischen der supranationalen und der mitgliedstaatlichen Ebene hat beispielsweise *Stürner* die Ableitung weitreichender Anerkennungspflichten aus den Grundfreiheiten kritisiert, insbesondere die Rechtsprechung des EuGH zu grenzüberschreitenden Sitzverlegungen im Gesellschaftsrecht.[86] Hierdurch habe der EuGH eine Ausbreitung der Stilelemente des angelsächsischen Gesellschaftsrechts im gesamten Unionsraum und somit eine partielle *de facto-*

---

84 Hierzu vor allem *Rühl* (Fn. 81), 573 ff.

85 Vgl. *Mansel* (Fn. 36), 665 f.

86 *Stürner* (Fn. 83), S. 182 ff.

Harmonisierung des Gesellschaftsrechts initiiert, obwohl im europäischen Rechtssetzungsprozess bisher gerade kein Konsens für eine solche Harmonisierung erzielt worden sei. In ähnlicher Weise hat *Gregor Bachmann* angemerkt, dass es zwar eine legitime und erwünschte Folge der Grundfreiheiten darstelle, wenn Unternehmen bei grenzüberschreitenden Waren- oder Dienstleistungsangeboten ein Regulierungsgefälle zwischen den Mitgliedstaaten zu ihren Gunsten ausnützen könnten. Der akzeptable Anwendungsbereich der Grundfreiheiten werde hingegen zu Lasten der Regulierungshoheit der Mitgliedstaaten überdehnt, wenn auch rein konstruierte Binnenmarktaktivitäten, wie die Auslandsgründung einer nach dem Willen der Gründer ausschließlich im Inland zu betreibenden Gesellschaft („Briefkastengesellschaft"), unter diesen Schutz gestellt würden.[87] Zugespitzt lautet der Kern dieser Kritik, dass das Binnenmarktkonzept zwar einen Standortwettbewerb garantiere, die Union aber nicht dazu mandatiere, einen isolierten, gleichsam virtuellen Rechtswettbewerb auszulösen.[88]

Diese Kritik weist durchaus einen berechtigten Kern auf, was nicht zuletzt der Umstand belegt, dass sie mittlerweile auch einen gewissen Widerhall in der Rechtsprechung des EuGH findet. So hat der Gerichtshof in seinem Urteil in der Rechtssache *Cadbury Schweppes* in einem steuerrechtlichen Zusammenhang festgehalten, dass die Mitgliedstaaten den rechtlichen Auslandsstatus von Gesellschaften, die in ihrem Hoheitsgebiet agieren, dann nicht akzeptieren müssen, wenn die Auslandsgründung „rein künstlich" und ohne jegliches sachliches oder persönliches Substrat im Gründungsstaat erfolgt.[89] Würde man diese Linie auf den privatrechtlich-gesellschaftsrechtlichen Kontext übertragen,[90] läge hierin ein deutliches Abrücken insbesondere von der *Centros*-Rechtsprechung, nach der auch rein künstliche Auslandsgründungen vom Schutz des Anerkennungsgebots erfasst sein sollen.[91] Eine belastbare Bestätigung für eine derartige umfassende, rechtsgebietsübergreifende Wende in der Rechtsprechung des EuGH steht bisher jedoch noch aus.

---

87 *Bachmann* (Fn. 1), S. 30 f.; vgl. auch *Kindler* (Fn. 8), Rn. 138 f.

88 *W.-H. Roth*, Grenzüberschreitender Rechtsformwechsel nach VALE, in: FS Michael Hoffmann-Becking, 2013, S. 965 (992); *Kindler* (Fn. 8), Rn. 151.

89 EuGH, *Cadbury Schweppes*, Slg. 2006, I-7995, Rn. 51 ff.

90 In dieser Richtung insbesondere *Kindler* (Fn. 8), Rn. 129 m.w.N.; skeptisch beispielsweise *Schön*, Das System der gesellschaftsrechtlichen Niederlassungsfreiheit nach VALE, ZGR 2013, 333, 359 f.

91 Vgl. EuGH, *Centros*, Slg. 1999, I-1459, Rn. 23 ff.

b) Rechtswettbewerb durch Rechtswahlmöglichkeiten im Kollisionsrecht

Das vorstehend skizzierte, aus dem Kompetenzgefüge zwischen der Union und den Mitgliedstaaten abgeleitete Argument gegen die unionsrechtliche Induktion eines horizontalen Regulierungswettbewerbs scheint weniger zu verfangen, sofern sich die betreffenden Rechtswahlmöglichkeiten nicht aus einer extensiven Interpretation der Grundfreiheiten durch den EuGH ergeben, sondern über sekundärrechtlich gesetztes Kollisionsrecht eröffnet werden. Denn für die Schaffung dieses Kollisionsrechts besitzt die Union in Gestalt des Art. 81 AEUV eine spezifische Kompetenzgrundlage. Bei näherer Betrachtung werden jedoch auch auf dieser Ebene legitimationsbezogene Probleme erkennbar.

Vorab ist in diesem Zusammenhang festzuhalten, dass dem Prinzip der Rechtswahlfreiheit im Rahmen von Kollisionsrechtsakten, die nach Art. 81 AEUV erlassen werden, bereits unabhängig von einem wettbewerbsorientierten Modell des Kollisionsrechts eine wichtige Bedeutung bei der Herstellung „räumlicher Gerechtigkeit" im internationalen Privatrechtsverkehr zukommt. So kann eine Rechtswahl beispielweise ein effektives Mittel dafür bilden, Anknüpfungsunsicherheiten auszuräumen oder es den Beteiligten zu ermöglichen, die sachnächste Rechtsordnung für ihr jeweiliges individuelles Rechtsverhältnis zu berufen.[92] Die Frage, die sich im vorliegenden Zusammenhang stellt, lautet demgegenüber, ob mit der Kompetenzgrundlage des Art. 81 AEUV ein legitimes Mandat verbunden sein kann, Rechtswahlmöglichkeiten auch jenseits ihrer soeben angerissenen klassischen Legitimationsgründe zu einem Universalprinzip des Europäischen Kollisionsrechts auszubauen, um hierdurch zielgerichtet einen horizontalen Regulierungswettbewerb auszulösen, der eine markt- und präferenzorientierte Verschiebung des praktischen Wirkungsbereichs der mitgliedstaatlichen Privatrechtsordnungen untereinander ermöglicht. *De lege lata* kann eine solche Entwicklung noch nicht festgestellt werden, da die Reichweite der Rechtswahlmöglichkeiten in den einzelnen Teilgebieten des Europäischen Kollisionsrechts, wie oben dargelegt, noch sehr unterschiedlich ist und den horizontalen Regulierungswettbewerb nicht als

92 Eingehend zu den denkbaren Legitimationsgründen der Parteiautonomie *von Bar/Mankowski*, Internationales Privatrecht, 1. Band, 2. Aufl. 2003, § 7 Rn. 76 und *Schmeding*, Zur Bedeutung der Rechtswahl im Kollisionsrecht, RabelsZ 41 (1977), 299 (305 f.) sowie im Überblick *Maultzsch*, Rechtswahl und ius cogens im Internationalen Schuldvertragsrecht, RabelsZ 75 (2011), 60 (63 f.).

Generalleitbild widerspiegelt.[93] Wie ebenfalls bereits skizziert, wird aber zumindest in der wissenschaftlichen Diskussion teilweise ein verstärkter Ausbau der unionsrechtlichen Rechtswahlmöglichkeiten zur Durchsetzung eines solchen Leitbilds gefordert.[94]

Die normativ-legitimationsbezogenen Bedenken gegen diese Position resultieren aus dem Umstand, dass die kollisionsrechtlichen Rechtsakte der EU gemäß Art. 81 Abs. 2 AEUV grundsätzlich im ordentlichen Gesetzgebungsverfahren ergehen und somit nicht die Zustimmung aller Mitgliedstaaten benötigen. Lediglich im Bereich des Familienrechts ist nach Art. 81 Abs. 3 AEUV ein einstimmiger Ratsbeschluss erforderlich. Jenseits dieses Bereichs kann das Privatrecht eines Mitgliedstaats somit auch ohne die Zustimmung dieses Staats durch die Schaffung kollisionsrechtlicher Rechtswahlmöglichkeiten einem Wettbewerbsdruck ausgesetzt werden. Dies erscheint problematisch, da auf diesem Wege nationale Rechtsordnungen ihren Geltungsradius in den Raum anderer Mitgliedstaaten ausdehnen können, obwohl sie in diesem Raum nicht nach Maßgabe der jeweiligen verfassungsrechtlichen Kautelen des Rechtssetzungsprozesses legitimiert sind. Dieses Problem betrifft regelmäßig den Aspekt einer demokratisch fundierten Regelungsentscheidung eines bestimmten Privatrechtsgesetzgebers über die in seinem Hoheitsraum geltenden Sachnormen,[95] ist aber nicht notwendigerweise auf eine demokratisch-gesetzgeberische Legitimationsform beschränkt. So könnte die wettbewerblich „aufgedrängte" Anwendung eines fremden Rechts aus Sicht eines *case law*-zentrierten Rechtssystems zum Beispiel gerade auch deswegen kritisch erscheinen, weil die betreffenden Normen nicht unter den grundsätzlichen Rahmenbedingungen eines Prozesses richterlicher Rechtsschöpfung zustande gekommen sind.[96]

---

93 Siehe oben B. I. 2. a).

94 Insbesondere *Rühl* (Fn. 70), S. 343 ff. sowie im Überblick *dies.* (Fn. 12), 81 ff., 83 und *dies.*, Party Autonomy in the Private International Law of Contracts: Transatlantic Convergence and Economic Efficiency, in: Gottschalk u.a. (Hg.), Conflict of Laws in a Globalized World, 2007, S. 153 (176 f.).

95 Vgl. *Bachmann* (Fn. 1), S. 26 ff. Allgemein zu den Anforderungen, die das Demokratieprinzip aus deutscher Sicht an das Internationale Privatrecht stellt, *Schinkels*, Normsatzstruktur des IPR, 2007, S. 206 ff. und 226 ff.

96 Siehe zu der Idee einer *common law constitution* etwa *Allan*, Text, Context, and Constitution: The Common Law as Public Reason, in: Edlin (Hg.), Common Law Theory, 2007, S. 185.

Diese legitimationsbezogene Problematik wird auch nicht dadurch vollständig ausgeglichen, dass ein im Rechtswettbewerb durchsetzungsstarkes Privatrecht in seinem jeweiligen Herkunftsstaat die dort geltenden Legitimationsanforderungen durchlaufen hat. Denn diese nationale Legitimation ist nur für solche Rechtsverhältnisse valide, die in dem Hoheitsgebiet des betreffenden Mitgliedstaats zumindest teilweise „real" verortet sind. Vor diesem Hintergrund erweist sich beispielsweise aus Sicht der deutschen Verfassung die Zurücknahme des eigenen rechtlichen Regelungsanspruchs, die mit der Anwendung fremden Privatrechts durch die heimischen Gerichte verbunden sein kann, in erster Linie deswegen als akzeptabel, weil der Geltungsanspruch des deutschen Rechts bei grenzüberschreitenden Rechtsverhältnissen mit den legitimen Bedürfnissen der Verkehrsbeteiligten und dem Ziel einer harmonischen Einordnung der Bundesrepublik in den internationalen Rechtsverkehr in Ausgleich gebracht werden muss.[97] Dieser Gedanke rechtfertigt es jedoch nicht, die praktische Geltungskraft des nationalen Rechts qua Unionskollisionsrecht unter einen rein präferenzorientierten Wettbewerbsvorbehalt zu stellen.

Zwar könnte man sich auf den klassischen Standpunkt des international-privatrechtlichen Denkens zurückziehen, dass letztlich alle Privatrechtsordnungen dieser Welt *cum grano salis* „gleichwertig" seien, weshalb ihre wechselseitige multilaterale Anknüpfung kein legitimationsbezogenes Problem darstelle.[98] Dieses Gleichwertigkeitspostulat wird aber angesichts einer stetig steigenden Materialisierung und Zweckorientierung auch des Privatrechts bereits seit längerer Zeit bezweifelt.[99] Zudem bezieht sich die These funktionaler und wertungsmäßiger Äquivalenz stets nur auf den Gesamtkontext der jeweiligen Privatrechtsordnungen einschließlich ihres Zusammenspiels mit anderen Rechtsgebieten (Verfahrensrecht, Öffentliches Recht etc.). Durch eine Rechtswahl wird jedoch typischerweise nur ein bestimmtes materielles Privatrecht im engeren Sin-

97 In dieser Richtung, wenn auch nicht im international-privatrechtlichen, sondern international-verfahrensrechtlichen Zusammenhang, insbesondere BVerfGE 63, 343 (369 f.) sowie zusammenfassend und m.w.N. *Schinkels* (Fn. 95), S. 206 ff.

98 Vgl. zu diesem Gedanken insbesondere für das Schuld- und Wirtschaftsprivatrecht *Basedow*, Wirtschaftskollisionsrecht, RabelsZ 52 (1988), 8 (9) und *Martiny*, in: MünchKomm. BGB, 6. Aufl. 2015, Art. 3 Rom I-VO Rn. 8.

99 *Schurig*, Zwingendes Recht, „Eingriffsnormen" und neues IPR, RabelsZ 54 (1990), 217 (229 f.); *Siehr*, Ausländische Eingriffsnormen im inländischen Wirtschaftskollisionsrecht, RabelsZ 52 (1988), 41 (88); *Zweigert*, Zur Armut des Internationalen Privatrechts an sozialen Werten, RabelsZ 37 (1973), 433 (437).

ne zur Anwendung berufen. Dabei erodiert mit der Herauslösung dieses Rechts aus den sonstigen rechtlichen Rahmenbedingungen, in die es typischerweise eingebettet ist, zugleich auch die Gleichwertigkeits- bzw. Äquivalenzvermutung.[100]

Schließlich verfängt unter legitimationsbezogenen Aspekten auch nicht das Argument, dass unionsrechtliche Kollisionsnormen, die einen horizontalen Regulierungswettbewerb bezwecken, auf der Ebene der EU legitimiert seien, wobei insbesondere durch die Mitwirkung des Europäischen Parlaments ein gewisses demokratisches Moment sichergestellt werde.[101] Denn durch sekundärrechtliche Regelungen, die einen horizontalen Rechtswettbewerb induzieren, ersetzt die Union eben nicht mitgliedstaatliches Recht durch eigene Normen, sondern öffnet lediglich die Tür für eine Verschiebung der wechselseitigen praktischen Geltungskraft der mitgliedstaatlichen Rechte. Insoweit erscheint der Gedanke einer autonomen unionsrechtlichen Legitimation, die im Wege des Souveränitätstransfers (vgl. Art. 23 GG) an die Stelle mitgliedstaatlicher Legitimation tritt, durchaus brüchig.[102]

Somit sprechen auch im Hinblick auf das sekundärrechtlich gesetzte Kollisionsrecht gute Gründe dafür, diesem nicht die spezifische Funktion einer Triebfeder für horizontalen Regulierungswettbewerb zuzuweisen. Vielmehr sollte das supranationale Kollisionsrecht weiterhin die klassische Aufgabe verfolgen, räumliche Gerechtigkeit im internationalen Privatrechtsverkehr zu gewährleisten, obgleich natürlich darüber zu streiten ist, welchen Maßstäben dieser Gerechtigkeitsgehalt folgt.

IV. Zusammenfassung

Die Idee eines horizontalen Regulierungswettbewerbs unter den mitgliedstaatlichen Privatrechtsordnungen, der durch unionsrechtliche Rechtswahlmöglichkeiten und die Schutzgehalte der Europäischen Grundfreiheiten induziert wird, hat in jüngerer Zeit eine intensive Diskussion ausge-

---

100 Zur Grundproblematik von selektiven „Legal Transplants" bereits oben B. II. 1.

101 Vgl. *Bachmann* (Fn. 1), S. 30 sowie allgemein *Eidenmüller* (Fn. 4), 648 und *Grundmann* (Fn. 1), 520 f.

102 Anderes gilt folgerichtig im Fall des Erlasses eigenständiger supranationaler Rechtsangebote (vertikaler Regulierungswettbewerb); insofern überzeugend *Grundmann* (Fn. 1), 520 f.

löst. Dabei wird zunächst aus empirischer Sicht zunehmend bezweifelt, ob sowohl auf der Seite der Rechtsnachfrager als auch der Rechtsanbieter überhaupt die Grundvoraussetzungen für einen derartigen Wettbewerb vorliegen, was insbesondere das Erfordernis einer nutzenmaximierenden Einstellung gegenüber dem Privatrecht betrifft. Obwohl die in diesem Zusammenhang erhobenen Bedenken nicht so durchschlagend sind, dass sie bereits eine Aufgabe des Wettbewerbsparadigmas erzwingen würden, erscheinen jedoch aus empirischer Sicht gewisse Einschränkungen geboten. So spricht vieles dafür, dass die deutsche Rechtsordnung auf den festzustellenden Expansionsdruck des *common law* lediglich in der eingeschränkten Form eines „Defensivwettbewerbs" reagiert hat. Ein solcher mag jedoch im Ergebnis weder ökonomischen Nutzenkalkülen noch einer intrinsisch motivierten Verteidigung der eigenen Rechtskultur gerecht werden. Unabhängig hiervon weist das Leitbild eines horizontalen Wettbewerbs der Privatrechtsordnungen sowohl aus einer intern-marktorientierten als auch aus einer extern-normativen Perspektive verschiedene Folgeprobleme auf. Aus der marktinternen Sicht drohen Informationsasymmetrien bei rechtsbezogenen Wahlhandlungen sowie externe Effekte den Rechtswettbewerb zu verzerren. Diese Probleme werden zum Teil durch die den Rechtswettbewerb überformende „Metaordnung", insbesondere das Europäische Internationale Privatrecht, aufgefangen, sind zum Teil aber auch bisher unbewältigt. Schließlich werden aus einer extern-normativen Perspektive vor allem unter kompetenziellen Gesichtspunkten und legitimationsbezogenen Aspekten der Rechtsgeltung Bedenken gegen ein umfassendes Wettbewerbsmodell im Privatrecht erhoben. Diese Bedenken bilden einen berechtigten Einwand gegen die gezielte Indienstnahme der Europäischen Grundfreiheiten und des Europäischen Kollisionsrechts als Transmissionsriemen für einen horizontalen Wettbewerb unter den mitgliedstaatlichen Privatrechtsordnungen.

Wettbewerbsföderalismus: Lohn und Arbeit

Bernd Waas

I. Einleitung

Das Wort vom „Wettbewerbsföderalismus“ bezeichnet die Situation, dass regionale Einheiten innerhalb eines Bundesstaates in gewissen Bereichen einen eigenen Entscheidungsspielraum haben, der für einen Wettbewerb zwischen den einzelnen Regionen genutzt werden kann. Mit diesem Wettbewerb verbindet sich bei manchen die Hoffnung auf eine Förderung des Gemeinwohls (positiver Wettbewerb). Bei manchen besteht umgekehrt die Sorge, dass mit der Eröffnung von Wettbewerb eine Abwärtsspirale in Gang gesetzt werden könnte (schädlicher Wettbewerb).
Gibt es so etwas wie einen Wettbewerbsföderalismus in Europa? Dieser Frage soll hier für Arbeitsrecht und Entgelt nachgegangen werden. Dabei ist zunächst – kurz – die Rechtslage im Bundesstaat Bundesrepublik Deutschland zu beleuchten (II.), bevor dann die Europäische Union in den Blick genommen wird (III.). Zum Schluss sollen die Erkenntnisse gesammelt und vor dem Hintergrund der allgemeinen Diskussion um den „Wettbewerb von Rechtsordnungen“ reflektiert werden (IV.)

II. Wettbewerbsföderalismus in Deutschland

Wettbewerbsföderalismus setzt voraus, dass den Ländern eigenständige Befugnisse zustehen. In Deutschland besteht ein derartiger Wettbewerbsföderalismus. Die Spielräume hierfür wurden durch die Föderalismusreform sogar noch erweitert: Art. 72 Abs. 3 GG sieht eine sog. Abweichungsgesetzgebung vor. Dies bedeutet, dass die Bundesländer Regelungen treffen können, die von Bundesregelungen der konkurrierenden Gesetzgebung abweichen. Haben sowohl der Bund als auch ein Land eine entsprechende Rechtsnorm erlassen, gilt gemäß Art. 72 Abs. 3 Satz 3 GG das jeweils neuere der beiden Gesetze.[1]

1. Arbeitsrecht

Für das Arbeitsrecht bildet Art. 74 Nr. 12 GG den Dreh- und Angelpunkt der Betrachtung. Die Vorschrift bestimmt „das Arbeitsrecht einschließlich der Betriebsverfassung, des Arbeitsschutzes und der Arbeitsvermittlung sowie die Sozialversicherung einschließlich der Arbeitslosenversicherung" als Gegenstand der konkurrierenden Gesetzgebung. Bei Art. 74 Nr. 12 GG handelt es sich um eine *Kernkompetenz* des Bundes i. S. d. Art. 72 Abs. 1 GG, deren Wahrnehmung nicht unter dem Vorbehalt der Erforderlichkeit steht.[2]

Nach Art. 74 Nr. 12 GG haben die Länder die Befugnis zur Gesetzgebung nur, solange und soweit der Bund von seinem Gesetzgebungsrecht keinen Gebrauch macht. Besteht eine bundesrechtliche Regelung, so ist nach der Rechtsprechung des Bundesverfassungsgerichts zu klären, ob diese Regelung bei einer Gesamtwürdigung des betreffenden Normenkomplexes erschöpfend ist.[3] Dabei zeigt sich, dass für landesgesetzliche Regelungen verhältnismäßig wenig Raum bleibt. Eine Ausnahme bilden eigentlich nur die in einer Reihe von Ländern existierenden Bildungsurlaubsgesetze, die Arbeitnehmern Ansprüche gegen den Arbeitgeber auf Gewährung von bezahlter Freizeit zu Weiterbildungszwecken einräumen. Insoweit hat das Bundesverfassungsgericht weder im Bundesurlaubsgesetz, noch im Berufsbildungsgesetz, noch im allgemeinen Freistellungsanspruch nach § 616 BGB eine Sperre für landesgesetzliche Regelungen gesehen.[4]

Zuletzt spielte die Frage nach dem erschöpfenden Charakter bundesgesetzlicher Regelungen im Zusammenhang mit der Regelungskompetenz des Landesgesetzgebers zur Befristung von Arbeitsverhältnissen angestellter Hochschulprofessoren eine Rolle. Hier hat das Bundesarbeitsgericht

---

1 Näher *Franzius*, NVwZ 2008, 492.

2 Das Beamtenrecht zählt nicht zum Arbeitsrecht im Sinne von Art. 74 Nr. 12 GG. Eindeutig von der Vorschrift erfasst wird aber das für die Angestellten und Arbeiter im öffentlichen Dienst geltende Arbeitsrecht.

3 Vgl. etwa BVerfGE 7, 342.

4 BVerfGE 77, 308 (dort auch zu ILO-Übereinkommen Nr. 140).

eine erschöpfende bundesgesetzliche Regelung verneint.[5] Etwas weiter zurück liegt der Streit um landesrechtliche Regelungen zum Mindestlohn. Im Jahr 2009 hat der Bayerische Verfassungsgerichtshof (BayVerfGH) ein Volksbegehren über den Entwurf eines Bayerischen Mindestlohngesetzes gestoppt; eine Gesamtwürdigung der im Gesetz über die Festsetzung von Mindestarbeitsbedingungen und im Arbeitnehmer-Entsendegesetz enthaltenen Bestimmungen ergebe, so das Gericht seinerzeit, dass kein Raum für die beabsichtigte landesrechtliche Regelung bleibe.[6] Eine schmerzliche Erkenntnis, sieht doch Art. 169 Abs. 1 BayVerf ausdrücklich vor, dass „für jeden Berufszweig (…) Mindestlöhne festgesetzt werden (können), die dem Arbeitnehmer eine den jeweiligen kulturellen Verhältnissen entsprechende Mindestlebenshaltung für sich und seine Familie ermöglichen". Doch ist die Verteilung der Gesetzgebungskompetenzen zwischen Bund und Ländern nun einmal durch das Grundgesetz abschließend und verbindlich geregelt. Landesverfassungsrechtliche Normen können, so sagt es auch der BayVerfGH in seiner Entscheidung klipp und klar, „keine Kompetenzen außerhalb der vom Grundgesetz vorgegebenen Zuständigkeiten begründen".[7]

Doch noch einmal zurück zu Art. 74 Nr. 12 GG und der Frage, in welchem Umfang der Bund von seinem Recht zur Gesetzgebung im Bereich des Arbeitsrechts Gebrauch gemacht hat. Bedenkt man, dass das Arbeitskampfrecht fast ausschließlich Richterrecht ist,[8] stellt sich dann nämlich die Frage, ob nicht gerade hier ein Betätigungsfeld für den Landesgesetzgeber liegen könnte. Die Frage ist auch gar nicht so abwegig wie man vielleicht auf den ersten Blick meinen könnte. Denn in der Tat wird von *Manfred Löwisch* und *Volker Rieble* in ihrem Kommentar zum Tarifvertragsgesetz die Auffassung vertreten, dass sich ausgerechnet im Arbeitskampfrecht eine Zuständigkeit der Länder ergebe. Diese sei, so meinen die Autoren, nicht durch eine *ungeschriebene ausschließliche Gesetzgebungs-*

---

5 BAG v. 11.09. 2013 – 7 AZR 843/11 (zum Thüringer Hochschulgesetz).

6 BayVerfGH vom 03.02.2009 – Vf. 111-IX/08.

7 Vgl. *Barczak*, RdA 2014, 290. Mit Blick auf das zum 01.01.2015 in Kraft getretene Mindestlohngesetz ist vollends deutlich, dass dieses entsprechende landesgesetzliche Regelungen sperrt. Zwar bleiben die Mindestlohngesetze, die in Berlin, Bremen, Hamburg und Schleswig-Holstein seit dem Jahr 2012 in Kraft sind, hiervon unberührt. Doch gilt dies nur deshalb, weil diese Gesetze ausschließlich auf Arbeitnehmer in der Landesverwaltung Anwendung finden.

8 Sieht man von § 160 SGB III über das Ruhen des Arbeitslosengelds bei Arbeitskämpfen einmal ab, ist das Arbeitskampfrecht gesetzlich komplett ungeregelt.

kompetenz des Bundes „kraft Natur der Sache", wie sie von manchen behauptet wird, und noch viel weniger durch die arbeitskampfrechtliche Rechtsprechung des Bundesarbeitsgerichts ausgeschlossen.[9] Was den Gesichtspunkt einer Zuständigkeit des Bundes „kraft Natur der Sache" anbelangt, sehen *Löwisch* und *Rieble* zwar die „Gefahr des 'föderalen Flickenteppichs'", meinen aber, sprachlich etwas schief, dass dieser „traditionell im Widerstreit mit den Chancen des Wettbewerbsföderalismus" stehe.[10] Das Bundesarbeitsgericht dagegen sieht im Arbeitskampfrecht keine Kompetenz des Landesgesetzgebers. Nach seiner Auffassung ist „Richterrecht zum Bundesrecht (...) Teil des Bundesrechts" – und das gelte „auch für das Arbeitskampfrecht, das aus den Wertentscheidungen des Tarifrechts abzuleiten ist".[11] Der Frage nach der Zulässigkeit landesgesetzlicher Regelungen soll hier aber nicht weiter nachgegangen werden. Angesichts der verbreiteten gesetzgeberischen Angst, sich am Arbeitskampfrecht die Finger zu verbrennen, ist sie ohnehin von eher akademischer Natur.

2. Entgelt

Doch was gilt nun mit Blick auf den Lohn, genauer gesagt die Festsetzung des Lohns? Da Tarifverträge Gesetze im materiellen Sinn darstellen, lässt sich in der Tat zunächst fragen, ob mit Blick auf Entgeltregelungen ein „Rechtsetzungswettbewerb" zwischen staatlichem Gesetzgeber und Tarifparteien denkbar ist. Die richtige Antwort lautet: kaum. Zwar gibt es nach der Rechtsprechung des Bundesverfassungsgerichts kein „Normsetzungsmonopol" der Tarifparteien.[12] Ebenso deutlich ist aber, dass Entgeltregelungen – nach einem Wort *Franz Gamillschegs* – ein „Vorbehaltsgut" der Tarifparteien darstellen,[13] weshalb sich weitreichende Eingriffe des Gesetzgebers fast von selbst verbieten.

---

9 *Löwisch/Rieble*, Tarifvertragsgesetz, 3. Aufl. 2012, Grundlagen Rn. 78 m. Nachw. zur Lit.

10 *Löwisch/Rieble*, Tarifvertragsgesetz, 3. Aufl. 2012, Grundlagen Rn. 79.

11 BAG v. 10.06.1980 – 1 AZR 168/79.

12 Vgl. insbes. BVerfGE 94, 268.

13 Vgl. nur *Gamillscheg*, Die Grundrechte im Arbeitsrecht, 1989, S. 89: „Der Kernbereich des Tarifvertrages, der ihm seinerzeit auch den Namen gegeben hat, nämlich Lohn und Gehalt, ist Vorbehaltsgut der Tarifpartner." Vgl. auch *Bayreuther*, NZA 2005, 341 (342) zum sog. *equal pay*-Beschluss des BAG.

Wenn also „Wettbewerbsföderalismus“ beim Lohn, dann „Wettbewerbsföderalismus“ zwischen den Tarifparteien. Bedenken muss man dabei, dass der Abschluss von Tarifverträgen regelmäßig Aufgabe der regionalen Untergliederungen der Gewerkschaften ist.[14] Von einem regionalen Wettbewerb sollte man aber dennoch nicht sprechen, wie das Beispiel der Metalltarife sofort deutlich macht: Zum einen bestimmt schon die Satzung der IG Metall, dass die Bezirksleiter und Bezirksleiterinnen Beauftragte des Vorstands und dessen Weisungen unterworfen sind.[15] Zum anderen zeichnen sich Tarifverhandlungen in der Metallindustrie dadurch aus, dass die Beteiligten recht früh einen so genannten Pilotbezirk bestimmen, wobei der dort erzielte Abschluss für alle anderen Tarifverträge die Richtung vorgibt. Kein ernstzunehmender “Wettbewerbsföderalismus” der Tarifparteien also.

Wenden wir uns nach diesem Befund nun der europäischen Ebene zu.

III. Wettbewerbsföderalismus in Europa

Inwieweit besteht Wettbewerbsföderalismus in Europa? Die Frage hat zwei Dimensionen. Zum einen geht es um den Wettbewerb zwischen der Union und den Mitgliedstaaten, zum anderen um den Wettbewerb zwischen den Mitgliedstaaten.

1. Arbeitsrecht

a) Wettbewerb zwischen Union und Mitgliedstaaten

Lassen Sie uns mit der ersten Frage, also der Frage nach einem vertikalen Wettbewerb oder Mehrebenenwettbewerb, wie er häufig auch genannt wird,[16] beginnen.

---

14 So werden etwa nach § 16 Nr. 4b der Satzung der IG Metall „die Tarifverhandlungen von den Bezirksleitern und Bezirksleiterinnen geführt“.

15 So § 16 Nr. 4 der Satzung der IG Metall.

16 *Peters*, Wettbewerb von Rechtsordnungen, VVDStRL 69 (2010), 7 (16).

aa) Primärrechtliche Voraussetzungen

Die Frage lenkt den Blick auf die Zuständigkeitsverteilung zwischen Union und Mitgliedstaaten im Bereich der Sozialpolitik: Nach Art. 4 Abs. 2 lit. b AEUV gehört die Sozialpolitik zu den Gebieten, in denen Union und Mitgliedstaaten eine geteilte Zuständigkeit zusteht.[17] Dabei werden die Union und die Mitgliedstaaten durch Art. 151 Abs. 1 AEUV gemeinsam auf das Ziel einer „Verbesserung der Lebens- und Arbeitsbedingungen" verpflichtet, um, so heißt es dort weiter, „auf dem Wege des Fortschritts ihre Angleichung zu ermöglichen". Letzteres ist bedeutsam, da es einen Hinweis darauf gibt, dass die Union, wenn sie auf sozialpolitischem Gebiet rechtssetzend tätig wird, nur Mindestnormen erlässt, Mitgliedstaaten mit höherem sozialpolitischem Standard also die Möglichkeit bleibt, noch höhere Standards einzuführen.[18] Die in Art. 151 Abs. 2 AEUV enthaltene Verpflichtung, insoweit die „Vielfalt der einzelstaatlichen Gepflogenheiten, insbesondere in den vertraglichen Beziehungen" zu beachten, ist als Ausdruck des Subsidiaritätsprinzips zu verstehen[19] und unterstreicht dessen Bedeutung für die Sozialpolitik und damit auch für das Arbeitsrecht.[20] Dem entspricht es, dass die Union die „Tätigkeit der Mitgliedstaaten" lediglich „unterstützt und ergänzt" (Art. 153 Abs. 1 AEUV). Ausdrücklich ausgeschlossen sind nach Art. 153 Abs. 5 AEUV von der Zuständigkeit der Union das „Arbeitsentgelt, das Koalitionsrecht, das Streikrecht sowie das Aussperrungsrecht". Damit bleibt es in diesen sensiblen Bereichen bei der Alleinzuständigkeit der Mitgliedstaaten und gegebenenfalls der Tarifpartner.

---

17 Die Sozialpolitik bleibt somit, wie es verschiedentlich heißt, "heterogen"; so *Langenfeld/Benecke*, in: Grabitz/Hilf/Nettesheim, Das Recht der Europäischen Union
54. Ergänzungslieferung 2014, Art. 151 AEUV, Rn. 30.

18 Vgl. auch Art. 153 Abs. 2 lit. b AEUV, wo ausdrücklich vom Erlass von „Mindestvorschriften" die Rede ist; vgl. überdies Art. 153 Abs. 4 AEUV. Vor diesem Hintergrund ist die zunehmende Kritik an einem „*gold-plating*" von Richtlinien – vgl. hierzu zuletzt etwa Mitteilung der Kommission an das Europäische Parlament, den Rat, den Europäischen Wirtschafts- und Sozialausschuss und den Ausschuss der Regionen: Bessere Ergebnisse durch bessere Rechtsetzung – Eine Agenda der EU COM(2015) 215 final, S. 9 – nur bedingt nachvollziehbar.

19 *Langenfeld/Benecke*, in: Grabitz/Hilf/Nettesheim, Das Recht der Europäischen Union, 54. Ergänzungslieferung 2014, Art. 151 AEUV, Rn. 34.

20 *Langenfeld/Benecke*, in: Grabitz/Hilf/Nettesheim, Das Recht der Europäischen Union, 54. Ergänzungslieferung 2014, Art. 151 AEUV, Rn. 34.

Insgesamt ist festzuhalten, dass die Zuständigkeit im Bereich des Arbeitsrechts in weitem Umfang eine geteilte Zuständigkeit und zum Teil auch eine bloße Ergänzungszuständigkeit darstellt. Die Voraussetzungen für einen Wettbewerbsförderalismus sind damit gegeben, und ebenfalls erfüllt sind, so ließe sich sogleich hinzufügen, die Voraussetzungen für einen gewissen Mehrebenenwettbewerb zwischen Union und Mitgliedstaaten.[21]

bb) Sekundärrecht

An dieser Stelle erscheint es lohnend, das arbeitsrechtliche Sekundärrecht ein wenig näher in den Blick zu nehmen. Angesichts der beschränkten Regelungskompetenzen mag es überraschen, dass das Arbeitsrecht der Europäischen Union mittlerweile einen erheblichen Umfang angenommen hat und überdies auch durchaus eine beträchtliche Regelungstiefe aufweist. Im Bereich des Individualarbeitsrechts gibt es z. B. Richtlinien zum Nachweis von Arbeitsbedingungen,[22] zu atypischen Arbeitsverhältnissen (Befristung, Teilzeit, Leiharbeit),[23] zur Arbeitszeit (inklusive Urlaub),[24] zur grenzüberschreitenden Arbeitnehmerentsendung[25], zur Zahlungsunfähigkeit des Arbeitgebers[26] und zum Betriebsübergang.[27] Im Bereich des Kollektivarbeitsrechts besteht eine geringere Regelungsdichte. Doch findet man auch hier eine Reihe von Rechtsakten. Insbesondere die Richtlinien über einen allgemeinen Rahmen für die Mitwirkung der Arbeitneh-

---

21 Vgl. *Peters*, (Fn. 16), 7 (16) u. Fußn. 22.

22 Richtlinie 91/533/EWG über die Pflicht des Arbeitgebers zur Unterrichtung des Arbeitnehmers über die für seinen Arbeitsvertrag oder sein Arbeitsverhältnis geltenden Bedingungen, ABl. L 288 vom 18.10.1991, S. 32-35.

23 Richtlinie 1999/70/EG zu der EGB-UNICE-CEEP-Rahmenvereinbarung über befristete Arbeitsverträge, Richtlinie 97/81/EG zu der von UNICE, CEEP und EGB geschlossenen Rahmenvereinigung über Teilzeitarbeit, Richtlinie 2008/104/EG über Leiharbeit, ABl. L 175 vom 10.07.1999, S. 43-48.

24 Richtlinie 2003/88/EG über bestimmte Aspekte der Arbeitszeitgestaltung, ABl. L 299 vom 18.11.2003, S. 9-19.

25 Richtlinie 96/71/EG über die Entsendung von Arbeitnehmern im Rahmen der Erbringung von Dienstleistungen, ABl. L 018 vom 21.01.1997, S. 1-6.

26 Richtlinie 2008/94/EG über den Schutz der Arbeitnehmer bei Zahlungsunfähigkeit des Arbeitgebers, ABl. L 283 vom 28.10.2008.

27 Richtlinie 2001/23/EG zur Angleichung der Rechtsvorschriften der Mitgliedstaaten über die Wahrung von Ansprüchen der Arbeitnehmer beim Übergang von Unternehmen, Betrieben oder Unternehmens- oder Betriebsteilen, Abl. L 82 vom 22.03.2001, S. 16-20.

mer[28], die Mitwirkung bei Massenentlassungen[29] und die Errichtung von Europäischen Betriebsräten[30] sind insoweit zu nennen.

Viele der genannten Richtlinien haben auch im hochregulierten deutschen Arbeitsrecht einen erheblichen Änderungsbedarf bewirkt und manche Entscheidungen des EuGH zum EU-Arbeitsrecht haben tief in die deutsche Rechtsordnung eingeschlagen. Dies gilt etwa im Bereich des Betriebsübergangs[31], aber auch im Urlaubsrecht[32] sowie im Recht der Befristung von Arbeitsverhältnissen. Was die letztgenannte Materie betrifft, so belässt die entsprechende Richtlinie den Mitgliedstaaten mit Blick auf die Aneinanderreihung befristeter Arbeitsverträge erhebliche Regelungsspielräume: Um den so genannten Kettenbefristungen entgegenzutreten, erge-

---

28 Richtlinie 2002/14/EG zur Festlegung eines allgemeinen Rahmens für die Unterrichtung und Anhörung der Arbeitnehmer in der Europäischen Gemeinschaft, Abl. L 80 vom 23.03.2002, S. 29-34.

29 Richtlinie 98/59/EG zur Angleichung der Rechtsvorschriften der Mitgliedstaaten über Massenentlassungen, Abl. L 225 vom 12.08.1998, S. 16-21.

30 Richtlinie 2009/38/EG über die Einsetzung eines Europäischen Betriebsrats oder die Schaffung eines Verfahrens zur Unterrichtung und Anhörung der Arbeitnehmer in gemeinschaftsweit operierenden Unternehmen und Unternehmensgruppen, ABl. L 122 vom 16.5.2009.

31 Was den Betriebsübergang anbelangt, so hat z. B. die Rspr. des EuGH zur sog. „wirtschaftlichen Einheit" einen Abschied des BAG von dem von ihm zugrunde gelegten Betriebsbegriff erzwungen. Die Auswirkungen sind durchaus erheblich. So hat das BAG früher angenommen, dass Arbeitnehmer für den Betriebsbegriff des § 613a BGB bedeutungslos seien, weil der Übergang der Arbeitsverhältnisse zur Rechtsfolge der Norm gehöre und deshalb nicht Teil der Tatbestandsvoraussetzung „Betrieb oder Betriebsteil" sein könne; vgl. etwa BAG vom 14.07.1994 - 2 AZR 55/94. Der EuGH hat eine Änderung dieser Haltung bewirkt; vgl. nur EuGH, *Ayse Süzen*, Slg. 1997, I-01259; *Temco Service Industries SA*, Slg. 2002, I-00969. Seit geraumer Zeit nimmt das BAG an, dass die Wahrung der Identität einer wirtschaftlichen Einheit auch dann anzunehmen sei, wenn ein Unternehmen nicht nur die betreffende Tätigkeit weiterführe, sondern aufgrund eines eigenen Willensentschlusses einen nach Zahl und Sachkunde wesentlichen Teil des Personals übernehme; vgl. nur BAG vom 10. 12. 1998 – 8 AZR 676/97.

32 Weitgehende Änderungen haben sich auch im Urlaubrecht ergeben, wo sich das BAG aufgrund von Entscheidungen des EuGH – vgl. insb. EuGH, *Schultz-Hoff u. Stringer*, Slg. 2009, I-00179 – gezwungen sah, die von ihm entwickelte und über Jahrzehnte hinweg angewandte sog. Surrogationstheorie aufzugeben, wonach der Urlaubsabgeltungsanspruch nichts anderes als ein Surrogat des Urlaubsanspruchs sei, dessen rechtliches Schicksal er in jeder Hinsicht teile; vgl hierzu nur *Schubert*, RdA 2014, 9.

ben sich nicht weniger als drei Optionen[33], von denen das Aufrichten eines Sachgrunderfordernisses, welches das deutsche Befristungsrecht bestimmt, nur eine ist. Nichtsdestoweniger sieht sich das Bundesarbeitsgericht seit einer entsprechenden Entscheidung des EuGH[34] gezwungen, bei sog. Vertretungsbefristungen zukünftig „genauer hinzusehen“ und diese einer Kontrolle nach Maßstäben des Rechtsmissbrauchs zu unterwerfen.[35] Zugleich ist allerdings zu unterstreichen, dass die Richtlinie vieles offen lässt. So ist die Kernfrage nach der Zulässigkeit einer einzigen Befristung in der Richtlinie gänzlich ungeregelt geblieben. Und demensprechend gibt es hier – etwa zwischen den Nachbarn Niederlande und Deutschland – weiterhin ganz unterschiedliche Konzeptionen. Diese liefern zugleich der Rechtsvergleichung ihr Brot, die an der Entdeckung von Gemeinsamkeiten interessiert ist, aber (mindestens) genauso an der von Unterschieden. Insoweit gilt: Selbst dort, wo es Richtlinien gibt, halten die nationalen Arbeitsrechtsordnungen noch stets einen Fundus von unterschiedlichen Lösungen bereit. Für unsere Betrachtung ist dies auch deshalb relevant, weil es den Blick darauf öffnet, dass Wettbewerb jenseits von Fragen ökonomischer Effizienz auch als Entdeckungsverfahren verstanden werden muss.[36]

Gerade vor diesem Hintergrund empfiehlt es sich, ein Wort zum europarechtlichen Diskriminierungsschutz zu sagen. Denn dieser hat sein Vorbild bekanntlich im anglo-amerikanischen Recht und lässt sich daher besonders gewinnbringend in den Problembereich eines Wettbewerbs von

---

33 Vgl. Paragraph 5 der der Richtlinie zugrunde liegenden EGB-UNICE-CEEP-Rahmenvereinbarung über befristete Arbeitsverträge, einsehbar im Anhang der Richtlinie 1999/70/EG des Rates vom 28. Juni 1999, ABl. L 175 vom 10.07.1999, S. 43-48.

34 Urteil Kücük, C-586/10, EU:C:2012:39.

35 Demensprechend hat das Gericht die bis dahin geltenden Prüfungsgrundsätze um einen Prüfungspunkt erweitert, der auf dem Gedanken des institutionellen Rechtsmissbrauchs (§ 242 BGB) aufbaut. Konkret bedeutet dies, dass sich die Gerichte bei der Befristungskontrolle nicht auf die Prüfung des geltend gemachten Sachgrunds der Vertretung beschränken, sondern „zusätzlich alle Umstände des Einzelfalls prüfen“ müssen, wobei „die Gesamtdauer und die Zahl der mit derselben Person zur Verrichtung der gleichen Arbeit geschlossenen aufeinanderfolgenden befristeten Verträge“ besondere Bedeutung haben. Aufbauend hierauf hat das BAG z. B. entschieden, dass jedenfalls bei einer Gesamtdauer von mehr als elf Jahren und 13 Befristungen eine missbräuchliche Gestaltung indiziert sei; so BAG v. 18.07.2012 – 7 AZR 443/09.

36 Näher *Kersten*, in Isensee/Kirchhof (Hg.), Handbuch des Staatsrechts, Bd. XI Internationale Bezüge, 2013, § 233 Wettbewerb der Rechtsordnungen? Rn. 6 f.

Rechtsordnungen einsortieren. Insoweit ist daran zu erinnern, dass die Diskussion um die Umsetzung der zugrunde liegenden Richtlinien in Deutschland von tiefer Besorgnis geprägt war. Geltend gemacht wurde insbesondere, dem deutschen Arbeitsrecht werde mit dem Antidiskriminierungsgedanken letztlich eine, ihm eigentlich fremde, „zweite Schutzschicht" hinzugefügt.[37] In einem Aufsatz von *Hermann Reichold* u. a. ist etwa davon die Rede, das europäische Antidiskriminierungsrecht wirke „wie ein dem deutschen Zivilrecht implantierter Fremdkörper"; beobachtet wird dort auch, dass das deutsche Recht „dagegen aufbegehrt, 'Rechtsimporte ohne Rücksicht auf ihre Anschlussfähigkeit' zu betreiben".[38] Bemerkenswert ist auch die Stellungnahme von *Gregor Thüsing*, wonach sich der europäische Gesetzgeber des Antidiskriminierungsrechts bediene, um immer weitere Bereiche des Arbeitsrechts zu ordnen. Es sei bezeichnend, „dass etwa ein einheitlicher europäischer Kündigungsschutz politisch nicht durchsetzbar zu sein scheint, wohl aber ein immer weiter gefasster Schutz des Arbeitnehmers vor unberechtigter Ungleichbehandlung".[39] *Thüsings* Stellungnahme zeigt, salopp formuliert: Beim „gesetzgeberischen Wettbewerb" im Bereich des Arbeitsrechts geht es nicht selten ans Eingemachte. Und *Reicholds* Ausführungen machen deutlich: Dieser Wettbewerb ist auch Systemwettbewerb. Im EU-Antidiskriminierungsrecht, prallen zwei unterschiedliche Rechtskulturen aufeinander. Ein mittelbarer Wettbewerb zwischen angloamerikanischem und dem kontinentaleuropäischem Recht, wenn man so will. Dies bedeutet zugleich: Der Blick, insbesondere auf das US-amerikanische Recht, wird für die Lösung von Problemen des deutschen Rechts nahezu unvermeidlich.[40] In der Literatur spricht man insoweit vielfach von einem „Maßstabswettbewerb"

37 Vgl. insoweit auch *Waas*, RdA 2007, 76 (77).

38 *Reichold/Hahn/Heinrich*, NZA 2005, 1270 (1272).

39 *Thüsing*, NZA 2001, 1061 (1061).

40 Dementsprechend spielen Rechtsfiguren wie das „*hostile environment*" (im Zusammenhang mit dem Schutz vor sog. "Belästigungen", § 3 AGG) oder sog. „*customer preferences*" (im Zusammenhang mit „wesentlichen und entscheidenden beruflichen Anforderungen" i. S. d. § 6 AGG) auch hierzulande eine bedeutsame Rolle; vgl. hierzu nur *Thüsing*, in: Münchener Kommentar zum BGB, 6. Auflage 2012, § 3 AGG Rn. 59 bzw. 17.

(*yardstick-competition*)[41]: Die Maßstäbe der Rechtssetzung und Rechtsauslegung werden ausländischem Recht entnommen.

cc) Blick in die Zukunft

Wie wird sich der gesetzgeberische Wettbewerb zwischen der Europäischen Union und den Mitgliedstaaten entwickeln? Es bedarf keiner prophetischen Gaben, dass dieser Wettbewerb für die voraussehbare Zukunft eher ein Rechtsprechungswettbewerb als ein Wettbewerb der Gesetzgeber sein wird. Entscheidend wird dabei sein, welche Bedeutung der EuGH der EU-Grundrechtecharta beimisst. In Deutschland hat man sich im Arbeitsrecht an eine an den Grundrechten orientierte richterliche Rechtsfortbildung gewöhnt; die „Fortbildung des Rechts“ ist dem BAG in § 45 Abs. 4 ArbGG explizit als Aufgabe zugewiesen. Der Umfang zulässiger Rechtsfortbildung durch den EuGH ist ungewiss. Das Bundesverfassungsgericht hat dem EuGH in seinem Honeywell-Beschluss die Kompetenz zur Rechtsfortbildung ausdrücklich zugestanden[42] und darüber hinaus klargestellt, dass insoweit nur eine *Ultra-vires*-Kontrolle in Betracht komme; der EuGH habe „Anspruch auf Fehlertoleranz”.[43] Vor diesem Hintergrund bleibt abzuwarten, wie der EuGH den ihm zustehenden Raum zur Substantiierung und Anwendung der europäischen Grundrechte nutzen wird. Einen Testfall könnte aus deutscher Sicht das Kündigungsschutzrecht liefern: Nach § 1 Abs. 1 KSchG setzt das Eingreifen des gesetzlichen Kündigungsschutzes bekanntlich voraus, dass das Arbeitsverhältnis länger als sechs Monate bestanden hat. Zudem gilt der gesetzliche Kündigungsschutz nach § 23 Abs. 1 Satz 3 KSchG grundsätzlich nur in Betrieben mit mehr als 10 Arbeitnehmern. Andererseits enthält Art. 30 EU-Grundrechtecharta einen weitgehenden Schutz bei ungerechtfertigter Entlassung. Die Vorschrift lautet: „Jede Arbeitnehmerin und jeder Arbeitnehmer hat nach dem Unionsrecht und den einzelstaatlichen Rechtsvorschriften und Gepflogenheiten Anspruch auf Schutz vor ungerechtfertigter Entlassung.” Ob diese Gewährleistung eine Ausweitung des gesetzlichen

41 Näher zum Begriff *Gabor*, Regulatory Competition in the Internal Market – Comparing Models for Comparative Law, Securities Law and Competition Law, 2013, S. 13.

42 BVerfGE 126, 286, 304.

43 BVerfGE 126, 286, 307.

Kündigungsschutzes erzwingt, ist schon angesichts des beschränkten Anwendungsbereichs der EU-Grundrechtecharta[44] nicht unzweifelhaft. Auch ist zu beachten, dass das deutsche Recht durchaus auch dort einen gewissen Kündigungsschutz bietet, wo das KSchG nicht eingreift: Das BAG hat diesen „Kündigungsschutz 2. Klasse" auf die Grundlage der zivilrechtlichen Generalklauseln (§§ 138, 242 BGB) gestellt und dabei auch die Grundrechte unterstützend herangezogen[45]; ein schlagendes Beispiel für die soeben angesprochene „grundrechtsorientierte" Rechtsfortbildung. In jedem Fall ist nicht ausgeschlossen, dass die EU-Grundrechtecharta Änderungen des deutschen Rechts bewirken wird. Ob es hierzu kommt, wird sich auch daran entscheiden, ob der vielerorts angemahnte Dialog zwischen EuGH und nationalen Gerichten gelingt.[46]

b) Wettbewerb zwischen den Mitgliedstaaten

Wie steht es um den Wettbewerb zwischen den Mitgliedstaaten? Dass der europäische Binnenmarkt fast von selbst zur Konvergenz der mitgliedstaatlichen Rechtsordnungen führt, glaubt heute wohl niemand mehr. Die Zeichen stehen eher auf Wettbewerb.[47] Die Beschränkungen der Gesetzgebungskompetenzen der Union im Bereich des Arbeitsrechts und der Umstand, dass die Union von ihren bestehenden Kompetenzen nur eingeschränkt Gebrauch gemacht hat, eröffnen einem derartigen Wettbewerb ein weites Feld. Dabei ist hier nicht zu klären, ob und inwieweit arbeitsrechtliche Regelungen überhaupt geeignet sind, einen ernstzunehmenden Standortvorteil oder -nachteil zu begründen; diese Frage wird etwa im Zusammenhang mit der Diskussion um die Zukunftsfähigkeit der deutschen Mitbestimmung seit Jahrzehnten intensiv geführt, ohne dass sich auch nur entfernt ein Konsens zwischen den Protagonisten abzeichnen würde. Die Frage nach Kosten und Nutzen arbeitsrechtlicher Regelungen und insbe-

---

44 Vgl. insoweit einerseits Urteil Åkerberg Fransson, C-617/10, EU:C:2013:105; andererseits BVerfGE 133, 277.

45 Vgl. nur BAG vom 23.06.1994 – 2 AZR 617/93 (Kündigung in der Probezeit wg. Homosexualität); vgl. auch BVerfGE 97, 169 (zur Verfassungsmäßigkeit der Kleinbetriebsklausel).

46 Vgl. dazu auch *Kersten* (Fußn. 36) Rn. 22.

47 Vgl. hierzu nur *Deakin*, Legal Diversity and Regulatory Competition: Which Model for Europe?, in European Law Journal 12 (2006), 440.

sondere ihrer beschäftigungspolitischen Dimension kann aber hier auch dahinstehen, weil jedenfalls nicht auszuschließen ist, dass sich einige Mitgliedstaaten, etwa von einer „Flexibilisierung" ihres Kündigungsrechts oder anderen Schritten seiner „Deregulierung", positive Effekte versprechen mögen. Ein Gesetzgebungswettbewerb ist vor diesem Hintergrund möglicherweise rasch entfacht.

In der Tat begegnen gerade in der jüngeren Vergangenheit vermehrt Sorgen, dass es zu einem derartigen Wettbewerb kommen könnte. Man muss es noch klarer sagen: Es besteht die verbreitete Befürchtung eines nachteiligen Regulierungswettbewerbs, das Wort vom *race to the bottom* macht die Runde. Diese Befürchtungen lassen sich v. a. an einer Entscheidung des EuGH festmachen, nämlich der in der Rechtssache *Laval*.[48] Die Entscheidung zwingt zu einer Beleuchtung des rechtlichen Hintergrunds und zu einer kurzen Sachverhaltsschilderung. Den rechtlichen Hintergrund bildet die Richtlinie 96/71/EG, die sog. Entsenderichtlinie.[49] Diese Richtlinie erlaubt es den Mitgliedstaaten „unabhängig von dem auf das jeweilige Arbeitsverhältnis anwendbaren Recht" eine Reihe von Arbeits- und Beschäftigungsbedingungen für die in ihr Hoheitsgebiet entsandten Arbeitnehmer festzuschreiben. Art. 3 Abs. 1 Unterabs. 1 der Richtlinie enthält insoweit einen Katalog, der „Mindestlohnsätze einschließlich der Überstundensätze" mit umfasst. Zu dem der Entscheidung zu Grunde liegenden Sachverhalt: Das lettische Bauunternehmen Laval hatte Arbeitnehmer auf die Baustelle einer schwedischen Gesellschaft in Schweden entsandt. Für die Mehrzahl der Arbeitnehmer galt der Tarifvertrag, den Laval mit der zuständigen lettischen Gewerkschaft abgeschlossen hatte. Die schwedische Bauarbeitergewerkschaft trat in Tarifverhandlungen mit Laval ein mit dem Ziel, einen Beitritt Lavals zum bestehenden Tarifvertrag zu erreichen. Dieser Tarifvertrag enthielt auch Regelungen über einen Mindestlohn. Die Verhandlungen scheiterten. Es kam zum Arbeitskampf.

Der Sachverhalt wirft arbeitskampfrechtliche Fragen auf, denen, so bedeutsam sie sind, an dieser Stelle nicht weiter nachgegangen werden soll. Interessant ist hier ein anderer Aspekt, nämlich der, dass der EuGH den Katalog des Art. 3 Abs. 1 Unterabs. 1 der Richtlinie als Beschreibung eines *Maximums* und nicht, wie bis dahin fast allgemein angenommen, als

---

48 EuGH, *Laval*, Slg. 2007, I-11767.

49 Richtlinie 96/71/EG über die Entsendung von Arbeitnehmern im Rahmen der Erbringung von Dienstleistungen, ABl. L 18 vom 21.01.1997, S. 1-6.

Beschreibung eines *Minimums* interpretierte. Die Richtlinie, so heißt es in der Entscheidung, erlaube einem Aufnahmestaat nicht, „die Erbringung einer Dienstleistung in seinem Hoheitsgebiet davon abhängig zu machen, dass Arbeits- und Beschäftigungsbedingungen eingehalten werden, die über die zwingenden Bestimmungen über ein Mindestmaß an Schutz hinausgehen".[50] Um es in eigenen Worten zu formulieren und zugleich etwas zuzuspitzen: Die Entsenderichtlinie fixiert nach Auffassung des EuGH eine Obergrenze für einen möglichen Schutz vor Sozialdumping im Aufnahmestaat.

Diese Aussage ist es, die von vielen arbeitsrechtlichen Autoren kritisiert wird und zwar gerade unter dem hier interessierenden Aspekt des Regulierungswettbewerbs. Dabei sollte man sich nicht daran stören, dass etwa *Simon Deakin* den „wettbewerbsbeschränkenden" Charakter der Entscheidung betont – dem Aufnahmestaat würden Möglichkeiten der Regulierung verbaut –,[51] wohingegen andere in der Entscheidung die Initialzündung für schädlichen Regulierungswettbewerb sehen; so spricht etwa *de Schutter* davon, der EuGH ermutige die Mitgliedstaaten geradezu zum Regulierungswettbewerb.[52] Ob man den EuGH dafür kritisiert, dass er „gute" Regulierung unterbindet, oder dafür, dass er „schlechter" Regulierung den Weg ebnet, macht in der Sache keinen Unterschied. Beide Ansichten sind ersichtlich von der Furcht vor einem schädlichen Regulierungswettbewerb, einem *race to the bottom*, bestimmt.[53]

Die Gründe für die Wucht der Kritik, die dem EuGH entgegenschlägt, erschließen sich dem Betrachter, wenn man sich mit dem Hintergrund der Entsenderichtlinie näher befasst. Diesen hier im Einzelnen nachzuzeichnen verbietet sich. Es ist auch gar nicht nötig. Denn wichtig ist an dieser Stelle nur, sich die Bedeutung des „Territorialitätsprinzips" für das Arbeitsrecht klar zu machen.[54] Diese liegt darin, dass es den Arbeitsvertragsparteien nicht erlaubt ist, arbeitsrechtliche Bestimmungen durch Wahl ei-

---

50 EuGH, *Laval*, Slg. 2007, I-11767, Rn. 80.

51 Vgl. etwa *Deakin*, Regulatory Competition in Europe after Laval, Centre for Business Research, University of Cambridge Working Paper No. 364, June 2008, S. 14 u. 19.

52 *de Schutter*, Transborder Provision of Services and Social Dumping: Rights-based Mutual Trust in the Establishment of the Internal Market, CRIDHO Working Paper 2012/5, S. 13.

53 So denn auch ausdrücklich *Deakin* (Fn. 50), S. 21; *de Schutter* (Fn. 51), S. 17.

54 Auch hierzu *Deakin* (Fn. 50), S. 11 ff.

ner anderen Arbeitsrechtsordnung ohne Weiteres beiseite zu setzen.[55] Für den Fall der Entsendung verwirklicht die Richtlinie diesen Schutzgedanken, indem sie anordnet, dass bestimmte Vorschriften des Aufnahmestaats auf alle Arbeitsverhältnisse angewendet werden müssen, die in diesem Land durchgeführt werden, unabhängig davon, welchem Recht diese Arbeitsverhältnisse sonst unterliegen.[56] Wird nun aber Art. 3 Abs. 1 der Richtlinie als Obergrenze interpretiert, führt dies, der Sache nach, zu einer empfindlichen Schwächung des Territorialitätsprinzips. Das Gastland kann dann gegenüber den entsandten ausländischen Arbeitnehmern seine arbeitsrechtlichen Standards nur noch begrenzt durchsetzen. Die entsandten Arbeitnehmer sind, anders gewendet, von den Regeln des Aufnahmestaats nicht erreichbar. Eine „Unterspülung“ der Arbeitsbedingungen droht.

Die Befürchtungen, die sich daran knüpfen, gewinnen in den Augen der Kritiker durch die Rechtsprechung des EuGH zum Internationalen Gesellschaftsrecht zusätzliches Gewicht. Der Gedankengang ist folgender: Während Unternehmen nach der vom EuGH favorisierten sog. Gründungstheorie verhältnismäßig frei zwischen unterschiedlichen Rechtskleidern wählen können, erscheinen die Möglichkeiten der Staaten begrenzt, sich eines Sozialdumpings zu erwehren. Die Befürchtungen sind nicht ganz von der Hand zu weisen. Jedenfalls hat auch der BGH als Schwäche der Gründungstheorie ausgemacht, dass sie die Interessen dritter Personen und des Sitzstaates nicht ausreichend berücksichtige. Wörtlich heißt es in einem entsprechenden Vorlageschluss des BGH aus dem Jahre 2000: „Es ist zu befürchten, dass sich im dergestalt eröffneten 'Wettbewerb der Rechtsordnungen' gerade die Rechtsordnung mit dem schwächsten Schutz dritter In-

55 Vgl. Art. 8 Abs. 1 Satz 2 Rom I-VO, wonach in grenzüberschreitenden Arbeitsverhältnissen die Rechtswahl arbeitnehmerschützende zwingende Vorschriften nicht ausschalten kann, die ohne diese Wahl anwendbar wären. Dies schließt, neben den genuin arbeitsrechtlichen Normen, alle auch im Arbeitsverhältnis relevanten zwingenden Normen des Vertragsrechts ein; näher *Schlachter*, in: Erfurter Kommentar zum Arbeitsrecht, 16. Auf. 2016, E 2009/26/EG, Art. 9 Eingriffsnormen Rn. 19.

56 Vgl. insoweit § 2 AEntG, die nach der Vorgabe des Art. 3 der Entsenderichtlinie festlegt, dass die genannten Arbeits- und Beschäftigungsbedingungen Eingriffsnormen gem. Art. 9 Rom I-VO sind, die bei einem Arbeitsort in Deutschland unabhängig davon anwendbar sind, ob das Arbeitsverhältnis deutschem Recht unterliegt; vgl. dazu auch BAG v. 18.04.2012 – 10 AZR 200/11; *Schlachter*, in: Erfurter Kommentar zum Arbeitsrecht, 16. Aufl. 2016, § 2 AEntG Rn. 1.

teressen durchsetzen würde („*race to the bottom*")".[57] In diesen Zusammenhang sind etwa auch die Mahnungen der deutschen Gewerkschaften vor einer Flucht aus der Mitbestimmung zu sehen, wobei insoweit noch hinzufügen wäre, dass das europäische Recht Arbeitgebern durch Zurverfügungstellung der Europäischen Aktiengesellschaft als genuin nicht mitbestimmter Gesellschaftsform sogar noch eine zusätzliche Option eröffnet hat.[58]

Warnungen vor einem *race to the bottom* sind außerordentlich ernst zu nehmen. Auch die ILO hat sie sich in gewissem Umfang zu Eigen gemacht. Dennoch sollte man kühlen Kopf bewahren. Jüngere Untersuchungen legen nahe, dass gesetzgeberische „Rennen", ob nun „nach oben" (*race to the top*) oder „nach unten" (*race to the bottom*), eher Angelegenheiten der Theorie als solche der Praxis sind.[59] Auch wenn das arbeitsrechtliche Schutzniveau vielerorts als Standortfaktor wahrgenommen wird und es für manchen Mitgliedstaat reizvoll sein mag, sich durch den Export schwächerer arbeitsrechtlicher Standards Wettbewerbsvorteile zu verschaffen, wirken auf die Regulierung doch regelmäßig zahlreiche Kräfte und Gegenkräfte ein, die eine eindeutige Fließrichtung verhindern werden. Deshalb sollte gelten: Die Entwicklung aufmerksam beobachten? Ja. In Panik verfallen? Nein.

2. Entgelt

Es bleibt eine Frage: Gibt es einen „Wettbewerb" bei der Festsetzung des Entgelts? Die Frage ist mit Blick auf das Verhältnis von EU und Mitgliedstaaten leicht zu beantworten, denn dem europäischen Gesetzgeber ist der Weg zu Entgeltregelungen durch Art. 153 Abs. 5 AEUV versperrt. Dementsprechend sollte man eher fragen, wie es um transnationale Regelungen der Sozialpartner bestellt ist. Insoweit lautet der Befund: Noch immer ist der Abschluss von Entgelttarifverträgen Aufgabe der nationalen Tarifparteien. Ob sich dies in Zukunft ändern wird, dürfte sich nur zum Teil an den rechtlichen Rahmenbedingungen entscheiden. Schon im Jahre 2005

---

57 BGH v. 30.03.2000 – VII ZR 370/98; vgl. auch BGH v. 27.10.2008 – II ZR 158/06.

58 Vgl. zur SE nur *Henssler*, RdA 2005, 330 (333).

59 Instruktiv etwa *Banks*, Must Canada Change its Labour and Employment Laws to Compete with the United States?, 38 Queen's Law Journal (2013), 419.

hatte die EU-Kommission die „Bereitstellung eines optionalen europäischen Rahmens für transnationale Kollektivverhandlungen" in Aussicht gestellt.[60] Die seinerzeitige Bundesregierung hatte in ihrer Stellungnahme das Vorhaben „begrüßt", zugleich aber mit Blick auf die Unterschiede in den Mitgliedstaaten sowohl im Tarif- als auch im Arbeitskampfrecht „erhebliche Bedenken" geäußert. Eine später eingesetzte Gruppe von Wissenschaftlern unter Vorsitz von *Edoardo Ales* sprach sich für rechtsverbindliche transnationale Kollektivverträge auf Unternehmensebene und sektoraler Ebene aus.[61] Dieser Vorschlag fand indes – insbesondere auf Arbeitgeberseite – wenig Gegenliebe.[62] Immerhin hat zuletzt ein Bericht des Europaabgeordneten *Thomas Händel* die Diskussion neu angefacht.[63] Zwar wird dort die Autonomie der Sozialpartner ausdrücklich betont. Doch enthält der Bericht zugleich die Anregung zu prüfen, ob nicht für die „europäischen transnationalen Unternehmensvereinbarungen ein fakultativer europäischer Rechtsrahmen notwendig und sinnvoll" wäre.[64] Allerdings enthält der Bericht zugleich die Feststellung, dass „die Kommission bei Prüfung eines fakultativen Rechtsrahmens von der freiwilligen Nutzung ausgehen sollte, über die die beteiligten Sozialpartner, Unternehmen und Unternehmensgruppen freiwillig entscheiden können sollten und die auf Flexibilität und dem Verweis auf die nationale Ebene basieren sollte, um der transnationalen Unternehmensvereinbarung Rechtskraft zu verleihen". Auch die Bedeutung der „Autonomie der Sozialpartner und der Parteien von Tarifvertragen" wird ausdrücklich unterstrichen. Schließlich soll der „Gefahr, dass durch eine europäische transnationale Unternehmensvereinbarung (*European transnational company agreement*) nationale Tarifverträge (*collective agreements*) und nationale Unternehmensvereinbarungen (*company agreements*) unterlaufen oder beeinträchtigt werden" durch „Aufnahme des Günstigkeitsprinzips (*most favorable clause*) und der „Nichtrückschrittsklausel" (*non-regression clause*)" begegnet werden.[65]

---

60 Mitteilung der Kommission vom 09.02.2005, KOM 2005 [33] endg., *S. 9.*

61 Vgl. *Ales*, ZESAR 2007, 150.

62 Vgl. zum Ganzen nur *Löwisch/Rieble*, Tarifvertragsgesetz, 3. Aufl. 2012, Grundlagen Rn. 415 f.

63 Vgl. den Entwurf einer Entschließung des Europäischen Parlaments zu grenzüberschreitenden Kollektivverhandlungen und transnationalem sozialem Dialog (2012/2292(INI)) v. 15.07.2013.

64 Ebd., S. 6.

65 Ebd., S. 7.

IV. „Wettbewerb der Arbeitsrechtsordnungen"

Die grundlegende Arbeit zum Wettbewerb von Rechtsordnungen stammt von *Eva-Maria Kieninger*, die in ihrer Schrift „Wettbewerb der Privatrechtsordnungen im Europäischen Binnenmarkt" die Gebiete des Gesellschafts- und Vertragsrechts näher beleuchtet.[66] Auch das Arbeitsrecht verdient, wie hier gezeigt werden sollte, eine nähere Betrachtung, zumal dieses Rechtsgebiet durchaus analytischen Mehrwert für die Rekonstruktion der hoheitlichen Tätigkeit der Rechtssetzung als wettbewerbliches Angebot stiftet. Dabei ist denen beizupflichten, die – wie *Anne Peters* – von einem Wettbewerb nur dann sprechen wollen, wenn „Kunden ins Spiel kommen".[67] In der Tat scheint der Wettbewerbsgedanke nur dann fruchtbar, wenn Recht als Angebot gedacht wird; ein solches Angebot muss aber von irgendjemandem angenommen werden. Da mögliche „Kunden", sofern man jedenfalls das Arbeitsvertragsrecht im Auge hat, Arbeitgeber und Arbeitnehmer gemeinsam sind, muss man insoweit eine Besonderheit bedenken. Diese besteht darin, dass der Arbeitnehmer gegenüber dem Arbeitgeber typischerweise unterlegen ist; das Bundesverfassungsgericht hat den Gesetzgeber gerade dann zum Erlass von Schutzvorschriften für verpflichtet gehalten, „wenn es an einem annähernden Kräftegleichgewicht der Beteiligten fehlt".[68] Dies bedeutet im vorliegenden Zusammenhang indes nicht mehr und nicht weniger, als dass Gesetzgeber, wenn sie in den Wettbewerb mit anderen Gesetzgebern eintreten, eher die Präferenzen der Arbeitgeber als die der Arbeitnehmer im Auge haben werden.

Allerdings sind die Arbeitsvertragsparteien in der Wahl der Rechtsordnung nicht frei. Zwar besteht nach Art. 3 Abs. 1 Rom I-VO Rechtswahlfreiheit. Doch darf die Rechtswahl gem. Art. 8 Abs. 1 Satz 2 Rom I-VO nicht dazu führen, dass dem Arbeitnehmer der Schutz entzogen wird, der ihm durch die zwingenden Bestimmungen des Rechts gewährt wird, das mangels einer Rechtswahl anzuwenden wäre.[69] Für Arbeitsverhältnisse ohne Auslandsbezug wird die Rechtswahlfreiheit durch Art. 8 Abs. 3 Rom

66 *Kieninger*, Wettbewerb der Privatrechtsordnungen im Europäischen Binnenmarkt, 2002.

67 *Peters* (Fn. 16), 7 (13).

68 BVerfGE 81, 242.

69 Zwingend sind dabei solche Bestimmungen, von denen nicht zum Nachteil des Arbeitnehmers durch Vereinbarung abgewichen werden darf. Näher zu dem insoweit anzustellenden Günstigkeitsvergleich: *Schlachter*, in: Erfurter Kommentar zum Arbeitsrecht, 16. Aufl. 2016, E 2009/26/EG, Art. 9 Eingriffsnormen Rn. 19.

I-VO eingeschränkt. Schließlich lässt die Rechtswahl, wie bereits oben im Zusammenhang mit der Entsendeproblematik angesprochen, die Anwendung von sog. Eingriffsnormen i. S. d. Art. 9 Abs. 1 Rom I-VO unberührt.[70]

Dennoch bleibt zu bedenken, dass es Unternehmen typischerweise leichter fällt, sich einer für sie unangenehmen Rechtsordnung zu entziehen. Oder, in die Sprache der sozio-ökonomischen Theorie[71] übersetzt: Ein „*exit*" kommt für Arbeitgeber – denkt man nur an die Fälle von Betriebsverlegungen in das Ausland – weit eher in Betracht als für Arbeitnehmer. In der Literatur zum Thema hat sich ganz allgemein die Erkenntnis durchgesetzt, dass der „Auswahlmodus des 'Exit' nicht allen Rechtsunterworfen gleichermaßen zur Verfügung (steht)".[72] Das Arbeitsrecht liefert weiteres Anschauungsmaterial für die Richtigkeit dieser Beobachtung, wobei – mit Blick auf die Entsendeproblematik – noch hinzuzufügen wäre, dass Arbeitnehmer nach der Rechtsprechung des EuGH ungünstigere Arbeitsbedingungen des Herkunftslandes auch nicht ohne weiteres durch günstigere Arbeitsbedingungen des Gastlands „eintauschen" können. Insoweit droht überdies ein Ungleichgewicht, da Gesellschaften ohne allzu viel Umstände ein neues Gesellschaftsstatut annehmen können, wohingegen Arbeitnehmern nicht einmal dann gedient wäre, wenn man dem Vorschlag mancher Ökonomen folgen würde, die für die Einführung frei handelbarer Staatsbürgerschaften plädieren.[73] Bedeutung hat dies auch deshalb, weil in der Literatur zum Wettbewerb von Rechtsordnungen immer wieder die Befürchtung begegnet, dass der Wettbewerb – statt Demokratiedefizite auszugleichen, wie von seinen Befürwortern behauptet – im Ergebnis eher zu einer Bevorzugung von Sonderinteressen und zu einer Privilegierung marktmächtiger Gruppen führe.[74] Diese Gefahr ist, arbeitsrechtlich betrachtet, in der Tat nicht von der Hand zu weisen.

In der Literatur zum Wettbewerb von Rechtsordnungen ist anerkannt, dass in begrenztem Umfang „auch gesellschaftliche Akteure Anbieter von (Teil-) Rechtsordnungen" sind.[75] Das Arbeitsrecht zeigt, dass man insoweit nicht auf indigenes Recht oder die Konkurrenz zwischen kirchlichen

---

70 Art. 9 Abs. 2 Rom I-VO.

71 Vgl. insbes. *Hirschmann*, Exit, Voice and Loyalty, 1970.

72 So *Peters* (Fn. 16), S. 7 (18); vgl. auch *Kersten*, (Fn. 36) Rn. 8.

73 Vgl. *Peters* (Fn. 16), 7 (20) m. w. Nachw.

74 *Peters* (Fn. 16), 7 (28 u. 31).

75 *Peters* (Fn. 16), 7 (16).

und weltlichen Recht abstellen muss.[76] Tarifverträge bieten ein äußerst griffiges Beispiel für den Wettbewerb von Staat und Privaten. Dabei handelt es sich – dies herausgearbeitet zu haben ist v. a. das Verdienst *Hugo Sinzheimers* – um „autonomes" Recht.[77] Für das Verständnis, dass die Arbeitsverfassung einen „eigenen Grund" besitzt, ist – um es mit den Worten *Gunther Teubner* zu sagen – „ausschlaggebend, dass gesellschaftliche Gruppen, paradigmatisch im Tarifvertrag, aber auch darüber hinaus, in Verhandlungssystemen gesellschaftlicher Gruppen, ein autonomes Recht im strengen Sinne, das neben dem staatlichen Recht existiert, erzeugen".[78]

In einem äußerst instruktiven Beitrag zum „Wettbewerb von Rechtsordnungen" hat sich *Anne Peters* für die Schaffung einer „Wettbewerbsordnung" ausgesprochen und dabei zwei Gruppen von sog. „Metaregeln" unterschieden: Solche, „die den Wettbewerb der Rechtsordnungen ermöglichen, seine Existenz sichern und ihn gegebenenfalls steigern" (sog. „wettbewerbskonstitutives Recht") und solche, „die den schädlichen Auswirkungen des Wettbewerbs des Rechts soweit möglich gegensteuern".[79] Was die erste Gruppe anbelangt, so hält sie Garantien der „Vielfalt der Rechtssetzer" und die Gewährung von Rechtssetzungskompetenzen für wesentlich.[80] Beides ist in der Europäischen Union mit Blick auf das Arbeitsrecht gewährleistet. Was die von ihr gleichzeitig geforderten „direkten und indirekten Rechtswahlmodalitäten"[81] anbelangt, so stellt die Personenfreizügigkeit zweifelsohne ein wichtiges Element dar, wobei auch zutreffend ist, dass die rechtliche Diversität wiederum nicht selten ein Mobilitätshindernis darstellt.[82] Abgesehen davon sind hinsichtlich der Rechtswahlfreiheit, wie oben bereits gesagt, arbeitsrechtliche Besonderheiten zu beachten. Mit Blick auf die zweite Gruppe von Metaregeln zeigt sich *Peters* zurückhaltend gegenüber einer von manchen behaupteten Unterregulierung gewisser Rechtsbereiche; ein „normatives Dumping" will sie noch nicht erkennen.[83] In der Tat liefert etwa die anhaltende Diskussion um die Rechtfertigung sog. „Sozialklauseln" in Freihandelsabkommen

---

76 So in der Tat *Peters* (Fn. 16), 7 (16).

77 *Sinzheimer*, Das Wesen des Arbeitsrechts (1927), in: Kahn-Freund/Ramm (Hrsg.) Arbeitsrecht und Rechtssoziologie, 1976, S. 108.

78 *Teubner*, ZaoeRV 2014, 733 (741).

79 *Peters* (Fn. 16), 7 (38 f.).

80 *Peters* (Fn. 16), 7 (39).

81 *Peters* (Fn. 16), 7 (39).

82 *Peters* (Fn. 16), 7 (40).

83 *Peters* (Fn. 16), 7 (47).

reiches Anschauungsmaterial dafür, dass ein Ausgleich zwischen Wettbewerb und Sozialschutz noch nicht erreicht ist. Immerhin sollte man wachsam bleiben und rechtzeitig Schutzdämme errichten. Im globalen Wettbewerb dienen dazu insbesondere die Normen der ILO.[84] Auf der europäischen Ebene sollte eine Harmonisierung gewisserer materieller Mindeststandards das Ziel sein.[85] Zugleich ist für eine wirksame Durchsetzung der Mindeststandards zu sorgen.[86] Auch insoweit ist noch manches zu tun, wenn man denen folgt, die gerade im Entsenderecht einen verbreiteten Missbrauch durch Scheinselbständigkeit, Einsatz von Briefkastenfirmen und Begründung von Subunternehmerketten konstatieren.

Es bleibt eine abschließende Bemerkung: International aufgestellte Unternehmen bedienen sich heute auch im Personalbereich zunehmend globaler Firmenrichtlinien („*Global Policies*"). Diese werden – etwa von den Gewerkschaften – vielfach mit Argwohn betrachtet. Doch es gibt auch andere Stimmen, etwa die, dass eine glaubwürdige *Human Resources*-Politik nicht an einem *race to the bottom*-Modell ansetzen könne. Wer „global" denke, müsse „auch global seine eigenen Standards für die Arbeitsbedingungen aufbauen und umsetzen, selbst wenn diese vielerorts über das 'lokal Geforderte' hinausgehen".[87] Schön wäre es ja, wenn die Entwicklung eigenständiger Unternehmensstandards ein *race to the top* bewirken würde. Nationale Gesetzgebung würde dann an Bedeutung verlieren. Einige Autoren fragen heute schon: „Do countries still matter"? Die Frage erscheint – noch – verfrüht.

---

84 Vgl. hierzu etwa *Singh*, The dynamism of competition should lead to a 'race to the top' instead of a 'race to the bottom' in labour standards, ESRC Centre for Business Research, University of Cambridge Working Paper No. 279, March 2004.

85 *Peters* (Fn. 16), 7 (50 f.). Dass ein politischer Konsens über eine Novellierung der Entsenderichtlinie als Antwort auf die von vielen kritisierte Rspr. des EuGH nicht besteht – die Konfliktlinie verläuft, wenig überraschend, v. a. zwischen den älteren und jüngeren Mitgliedstaaten – gibt insoweit allerdings Anlass zur Skepsis; vgl. zum Ganzen zuletzt COM(2016) 128 final.

86 Hier liegt nach Ansicht mancher der eigentliche Kern des Problems; vgl. etwa *Davies/Vadlamannati*, A race to the bottom in labour standards? An empirical investigation. *Journal of Development Economics* (103) 2013, 1.

87 *Göpfert*, NZA 2011, 1259 (1260).

Wettbewerb um Migranten? – Die Stratifikation von Freizügigkeitsrechten in der EU

Anuscheh Farahat

I. Einleitung

Das unionsbürgerschaftliche Freizügigkeitsrecht wird gerne als bürgerschaftliche Fortentwicklung seines rein ökonomisch ausgerichteten Vorgängers, der Personenfreizügigkeit, interpretiert. Dieses Bild wurde lange durch eine beherzte Rechtsprechung des EuGH zur Unionsbürgerschaft gestützt, die um die Idee der Freizügigkeit und Gleichheit herum die politische und soziale Dimension der Unionsbürgerschaft konturierte.[1] Dieser identifikationsstiftenden Idee einer europäischen Bürgerschaft wird idealtypisch die weniger privilegierte Position von Drittstaatsangehörigen in der EU gegenübergestellt.

Drittstaatsangehörige profitieren nicht von einem mit Gleichbehandlungsansprüchen verbundenen innereuropäischen Freizügigkeitsrecht. Diese Feststellung wird mitunter mit der normativen Behauptung verknüpft, dass ein gewisses „Abstandsgebot" zwischen den Rechten von Unionsbürgern und Drittstaatsangehörigen wünschenswert sei. Die idealtypische Gegenüberstellung der Rechte von Drittstaatsangehörigen und Unionsbürgern bildet die Realität des europäischen Freizügigkeitsrechts allerdings nur unvollkommen ab. Sie verkennt, dass inzwischen eine Stratifikation der Freizügigkeitsrechte in der EU zu beobachten ist. Stratifikation bezeichnet die hierarchische Ordnung einer Gesellschaft in soziale Schichten.[2] Die sozialen Schichten können dabei an verschiedene Merkmale anknüpfen, etwa Bildung, Einkommen, soziale Herkunft etc. Freizügigkeitsrechte unterliegen insofern der Stratifikation, als der Grad an Freizügigkeit, den Individuen in der EU derzeit genießen, von ihrem sozialen

1 Dazu die Nachweise unten in Fn. 21 bis 25.

2 Grundlegend: *Ross*, The Principles of Sociology, 1920, S. 321 ff.; *Geiger*, Die soziale Schichtung des deutschen Volkes, 1932; *Parsons*, An Analytical Approach to the Theory of Social Stratification, American Journal of Sociology 45 (1940), S. 841.

Status abhängig ist. Dabei nimmt die Bedeutung sozio-ökonomischer Kriterien zu. Während ökonomisch schwache Unionsbürger von der Freizügigkeit zunehmend ausgeschlossen sind, werden Drittstaatsangehörige, die wohlhabend sind, bestimmten Berufsgruppen angehören oder besonders gut integriert sind, zunehmend mit innereuropäischen Freizügigkeitsrechten ausgestattet. Diese Entwicklung geht mit einer Unterordnung bürgerschaftlicher und menschenrechtlicher Erwägungen unter ökonomischer Rationalität innerhalb des EU-Freizügigkeitsrechts einher.

Dieses Argument wird im Folgenden in drei Schritten entfaltet. Zunächst erfolgt ein Rückblick auf die Anfänge der Personenfreizügigkeit und die etwas unglückliche, aber verbreitete Gegenüberstellung einer ausschließlich marktorientierten Personenfreizügigkeit und einer politisch-demokratisch orientierten Unionsbürgerschaft (II.). In einem zweiten Schritt wird dargelegt, wie der EuGH versucht hat, die Unionsbürgerschaft zu einem „grundlegenden Status" der Bürger Europas auszubauen (III.). Dabei wird deutlich, dass dieser Status zunächst für Politik und Wissenschaft als attraktives Vorbild für die Inklusion von Drittstaatsangehörigen galt. Im letzten Teil zeigt sich dann, dass diese modellhafte Entwicklung zu einem Status gleicher Bürgerrechte inzwischen zunehmend überholt wird von einem Freizügigkeitsrecht, das nach sozialem Status differenziert (IV.). Das Freizügigkeitsrecht droht durch diese Entwicklung zu einer Funktion des Wettbewerbs „um die besten Köpfe" in Europa zu werden, das hinsichtlich der sozial weniger privilegierten Schichten einen umgekehrten Wettbewerb etabliert.

II. Blick zurück: Die Überwindung der Marktbürgerschaft durch die Unionsbürgerschaft?

Die Personenfreizügigkeit ist eine von vier Grundfreiheiten der europäischen Verträge von Rom. Nachdem eine politische Union gescheitert war, wurde die europäische Integration in den Anfangsjahren von der Logik der optimalen Ressourcenallokation und grenzüberschreitenden Arbeitsteilung dominiert.[3] Dies galt auch für die Personenfreizügigkeit. Der *Spaak-*

---

3 Zu den grundlegenden Ideen der vorherrschenden neoklassischen Ökonomie in der Gründungsphase der EU: *Rödl*, Arbeitsverfassung, in: von Bogdandy/Bast (Hg.), Europäisches Verfassungsrecht, 2. Aufl., 2009, S. 855 (863). Speziell zur

Bericht von 1956, der wesentliche Grundlage für die Ausarbeitung der Römischen Verträge war, sprach von der Nutzung „bisher nicht eingesetzter Arbeitskräfte" und definierte die „Zusammenlegung der Produktionsfaktoren" als den „wichtigste[n] Beitrag zur Hebung des Lebensstandards".[4] Freizügigkeit folgte in diesen ersten Jahren einer ökonomischen Logik.[5]

Auch in dieser Frühphase der europäischen Integration kannte man aber die Idee einer europäischen Bürgerschaft, die sich an anderen als lediglich ökonomischen Rationalitäten orientieren sollte.[6] Politische Integration und Identifikation gehörten von Beginn an zum Legitimationsrepertoire der Personenfreizügigkeit. Der für Sozialpolitik zuständige Kommissar *Lionello Levi Sandri* sah in ihr „den ersten Aspekt einer europäischen Staatsbürgerschaft".[7] Schließlich sprach etwa die Verordnung (EG) Nr. 1612/68, mit der die Arbeitnehmerfreizügigkeit realisiert wurde, von der Freizügigkeit als dem „Grundrecht der Arbeitnehmer und ihrer Familien".[8] Allerdings wurde in der Arbeitnehmerfreizügigkeits-Verordnung von 1968 auch der erwünschte ökonomische Effekt der Freizügigkeit betont: Sie sollte ein „Mittel sein, das [den Arbeitnehmerinnen und Arbeitnehmern] die Möglichkeit einer Verbesserung der Lebens- und Arbeitsbedingungen garantieren [sollte], wobei gleichzeitig der Bedarf der Wirtschaft der Mitgliedstaaten befriedigt wird."[9]

Angesichts der frühen Verweise auf Bürgerschaftskonzepte und eine politisch-identifikationsstiftende Dimension der Unionsbürgerschaft ist die

---

ökonomischen Fundierung der Personenfreizügigkeit *Wollenschläger*, Grundfreiheit ohne Markt, 2007, S. 359 ff.

4 Spaak-Bericht vom 21. April 1956, S. 17 f., 20, deutsche Version bei *Schwarz*, Der Aufbau Europas, 1980, S. 277 (282, 283). Zur ökonomischen Bedeutung der Arbeitnehmerfreizügigkeit und der politischen Debatte um ihre Realisierung *Maas*, The Genesis of European Rights, JCMS 43 (2005), S. 1009 (1018 ff.).

5 Anschaulich dargestellt bei *Wollenschläger* (Fn. 3), S. 19 ff.

6 *David Rabenschlag* dokumentiert, dass die Idee einer europäischen Bürgerschaft die Gründung der EWG von Beginn an begleitete und dass die Utopie einer europäischen Bürgerschaft bereits in die Zeit vor dem zweiten Weltkrieg zurück reicht. *Rabenschlag*, Leitbilder der Unionsbürgerschaft, 2009, S. 21 ff., 56 ff.

7 *Levi Sandri*, in: Europäisches Parlament, Verhandlungen Nr. 48 (Sitzungsperiode 1961 – 1962), Sitzung am 22.11.1961, S. 156, 157. Zu diesen frühen Entwicklungspfaden *Evans*, European Citizenship, MLR 45 (1982), S. 497 (499 f.).

8 Verordnung des Rates über die Freizügigkeit der Arbeitnehmer innerhalb der Gemeinschaft, ABl. L 257, S. 2 vom 19.10.1968, Erwägungsgrund Nr. 8.

9 Ebd.

beliebte Charakterisierung der Personenfreizügigkeit als reiner Marktbürgerschaft nicht unproblematisch.[10] Freizügigkeitsrechte in der Union folgten nie nur der reinen Marktlogik und der Idee eines optimalen Wettbewerbs. Dies zeigt sich darin, dass die europäische Integration schon vor Einführung der Unionsbürgerschaft bürgerschaftliche Rechte kannte. So sah beispielsweise bereits Art. 138 Abs. 3 des EWG-Vertrags Wahlen zum Europäischen Parlament vor. Ein weiteres Indiz ist die Rechtsprechung des EuGH zu den europäischen Grundrechten, die 1969 mit dem Fall *Stauder* ihren Anfang nahm.[11] Auch die Rechtsprechung des EuGH zur Personenfreizügigkeit dokumentiert, dass es hier von Anfang an um mehr ging als rein marktfunktionale Überlegungen. Schritt für Schritt dehnte der EuGH die entsprechenden Rechte aus. Er stellte klar, dass auch Teilzeitbeschäftigte von der Arbeitnehmerfreizügigkeit erfasst sind, deren Erwerbseinkommen unterhalb des Existenzminimums liegt.[12] Der EuGH definierte zudem den in Art. 7 VO (EWG) Nr. 1612/68 vorgesehenen Gleichbehandlungsanspruch in Bezug auf soziale Vergünstigungen so, dass darunter auch solche Vergünstigungen fallen, die nicht an einen Arbeitsvertrag anknüpfen, sondern allein aufgrund des Wohnsitzes erbracht werden.[13] Er stellte überdies klar, dass Familienangehörige in weitem Umfang zu schützen sind[14] und dass die Arbeitssuche in anderen Mitgliedstaaten zum Schutzbereich der betreffenden Freizügigkeit gehört.[15] Individuelle Rechte lösten sich somit zunehmend aus ihrer Abhängigkeit von den Grundfreiheiten.[16]

Die Freizügigkeit war also stets Projektionsfläche für unterschiedliche Integrationslogiken. Dementsprechend changierten die Charakterisierung und die Legitimation des Freizügigkeitsrechts zwischen dem Markt- und Wettbewerbsparadigma einerseits und dem Identitäts- und Bürgerschaftsparadigma andererseits.

---

10 *Kadelbach*, Unionsbürgerschaft, in: von Bogdandy/Bast (Fn. 3), S. 611 (614 ff.). Der Begriff der Marktbürgerschaft geht zurück auf *H.P. Ipsen/Nicolaysen*, Haager Kongress für Europarecht und Bericht über die aktuelle Entwicklung des Gemeinschaftsrechts, NJW 1964, S. 339 (340 f.).

11 EuGH, *Stauder*, Slg. 1969, 419.

12 EuGH, *Levin*, Slg. 1982, 1035, Rn. 16 f.

13 Grundlegend: EuGH, *Even*, Slg. 1979, 2019, Rn. 22.

14 EuGH, *Casagrande*, Slg. 1974, 773, Rn. 6; EuGH, *Diatta*, Slg. 1985, 567, Rn. 16 ff.

15 EuGH, *Antonissen*, Slg. 1991, I-00745, Rn. 13.

16 *Kadelbach* (Fn. 10), S. 615.

III. Die Unionsbürgerschaft als der „grundlegende Status" der Bürger in Europa

So wie die Marktbürgerschaft in dieser Reinform nicht existierte, so wenig kann man die 1992 durch den Vertrag von Maastricht eingeführte Unionsbürgerschaft als Inbegriff ihrer Überwindung verstehen. Zutreffend ist jedoch, dass ein wichtiges Motiv für die primärrechtliche Regelung einer Unionsbürgerschaft darin bestand, das Freizügigkeitsrecht vom ökonomischen Zweck der Arbeitnehmereigenschaft abzukoppeln.[17] Insofern kann man hierin durchaus eine wichtige Akzentverschiebung sehen. Während bis 1992 der ökonomische Zweck das Freizügigkeitsrecht begründete, sollte nun ausdrücklich eine Loslösung hiervon erfolgen. Stattdessen rückte das Leitbild gleicher Freiheit in den Vordergrund, indem das Freizügigkeitsrecht (Art. 21 Abs. 1 AEUV) und der Gleichbehandlungsanspruch (Art. 18 Abs. 1 AEUV) eng mit einander verzahnt wurden.[18] Zudem wurde die politische Dimension der Unionsbürgerschaft gestärkt, indem das Kommunalwahlrecht für Unionsbürger am jeweiligen Wohnsitz eingeführt wurde.

Die Einführung der Unionsbürgerschaft (Art. 20 AEUV) reagierte auf das Bedürfnis, ein Legitimations- und Identifikationsdefizit der Union zu kompensieren, das vor allem auf zwei Faktoren zurückzuführen war: Die stark funktionale und ökonomische Präsentation unionaler Politiken und der Kompetenzzuwachs der Union bei gleichzeitig geringer parlamentarischer Legitimation der Entscheidungen.[19] Hierauf versprach die Unionsbürgerschaft Antworten, indem sie das politische und soziale Element der europäischen Integration stärker betonte. Zugleich ist die Unionsbürgerschaft entstehungsgeschichtlich eng verknüpft mit dem Wegfall der Binnengrenzen, der auf das Binnenmarktziel in der Einheitlichen Europäi-

---

17 *Wollenschläger* (Fn. 5), S. 328 ff.

18 Zur Bedeutung des bürgerschaftlicher Gleichheit für die Konturierung der Unionsbürgerschaft *White*, Free Movement, Equal Treatment, and Citizenship of the Union, ICLQ 54 (2005), S. 885 (894 ff.). *Robin C.A. White* hält den Gleichbehandlungsgrundsatz in der Rechtsprechung des EuGH für „surprisingly powerful" (S. 890). Zur Verbindung von Freizügigkeit und Gleichheitsanspruch *von Bogdandy/Bitter*, Unionsbürgerschaft und Diskriminierungsverbot, in: FS Manfred Zuleeg, 2005, S. 309 (312 ff.). Zum Leitbild gleicher Freiheit *Rabenschlag* (Fn. 6), S. 149 ff.

19 *Rabenschlag* (Fn. 6), S. 61 ff., 73.

schen Akte von 1986 zurückging.[20] In einer Union ohne Binnengrenzen schien es naheliegend, dass Freizügigkeit kein Privileg für bestimmte ökonomische Tätigkeiten sein sollte.

Man kann die Einführung der Unionsbürgerschaft insofern als eine Reaktion auf die Überbetonung der ökonomischen Dimension der Freizügigkeit in den Anfangsjahrzehnten verstehen. Eine Überwindung dieser Dimension lag darin jedoch nicht, wie u.a. die Verknüpfung mit dem Binnenmarktziel dokumentiert.

Es handelte sich eher um eine Akzentverschiebung, die der EuGH alsbald bereitwillig aufgriff. Er bezeichnete die Unionsbürgerschaft in seinem wegweisenden Urteil *Grzelczyk* als „grundlegenden Status" der Bürger in Europa und zeigte auf, was er damit meinte.[21] Das Freizügigkeits- und Aufenthaltsrecht der Unionsbürger dürfe nicht automatisch entfallen, sobald der betreffende Unionsbürger im Aufenthaltsmitgliedstaat Sozialhilfe bezieht.[22] Der EuGH baute diese Rechtsprechung in der Folge aus und stellte u.a. fest, dass Unionsbürger Anspruch auf gleiche soziale Leistungen haben,[23] dass die praktische Wirksamkeit des unionsbürgerschaftlichen Aufenthaltsrecht eines minderjährigen Kindes auch ein Aufenthaltsrecht der Eltern verlangt[24] und schließlich, dass auch bei unrechtmäßigem Aufenthalt der Eltern der Kernbestand der Unionsbürgerschaft des Kindes nicht verletzt werden darf und den Eltern sogar eine Arbeitserlaubnis erteilt werden muss.[25] Stück für Stück baute der EuGH um das Freizügigkeitsrecht und den Gleichbehandlungsanspruch der Unionsbürger einen privilegierten Rechtsstatus, der sich von den rein ökonomischen Erwägungen der Anfangsjahre erkennbar unterschied.

---

20 *Wollenschläger* (Fn. 3), S. 97, 104 ff. Den politischen Entstehungskontext der Unionsbürgerschaft analysiert *Wiener*, ‚European' Citizenship Practice, 1998, S. 215 ff. *Antje Wiener* betont nicht nur die Bedeutung der Einheitlichen Europäischen Akte, sondern auch des Endes der Blockkonfrontation und das politische Ziel der Entwicklung einer europäischen Identität.

21 EuGH, *Grzelczyk*, Slg. 2001, I-06193, Rn. 31.

22 Ebd., Rn. 43.

23 EuGH, *Martínez Sala*, Slg. 1998, I-02691, Rn. 61–63.

24 EuGH, *Zhu Chen*, Slg. 2004, I-09925, Rn. 46.

25 EuGH, *Ruiz Zambrano*, Slg. 2011, I-01177, Rn. 42, 45. Dazu: *Wallrabenstein*, Zum Verfassungsrecht der Unionsbürgerschaft, in: FS Brun-Otto Bryde, 2013, S. 741 (743–749). Für *Astrid Wallrabenstein* dokumentiert dieses Urteil, dass es sich bei der Unionsbürgerschaft um einen „Status zur Verwirklichung der Menschenrechte in der EU handelt" (S. 747).

Unter dem Eindruck der beginnenden Unionsbürgerjudikatur des EuGH betrachteten Ende der 1990er Jahre politische Akteure und zahlreiche Stimmen in der Literatur die Unionsbürgerschaft als Modell für die künftige Gestaltung der Rechtsposition von Drittstaatsangehörigen. Viele sahen in der neuen europäischen Bürgerschaft einen Prototyp der „postnational membership“,[26] die die Angehörigkeitsbeziehungen alsbald vom Staat lösen würde. Hiergegen kann man einwenden, dass die Unionsbürgerschaft bis heute föderal strukturiert ist und auf der Staatsangehörigkeit der Mitgliedstaaten basiert.[27] Zutreffend ist aber die Beobachtung, dass viele der Rechte, die zunächst wie Privilegien der Unionsbürger wirkten,[28] inzwischen auch Rechte von Drittstaatsangehörigen sind.[29] Dies aber ist kein Phänomen, das für die Unionsbürgerschaft exklusiv zu beobachten ist. Auch auf nationaler Ebene sind die Rechte, die tatsächlich noch Privilegien der Staatsangehörigen sind und für Drittstaatsangehörige verschlossen bleiben, eher zur Ausnahme geworden.[30]

Ist die Unionsbürgerschaft also zum ungetrübten identifikationsstiftenden Status gleicher Bürger in Europa geworden? Löst sie tatsächlich ihr Versprechen ein, gleiche Freiheit für alle Bürger der Mitgliedstaaten zu gewährleisten – und vielleicht sogar darüber hinaus? Hier ist wohl eher Skepsis angebracht. Drei Konstellationen lassen die Vermutung zu, dass die Freizügigkeitsrechte in Europa zunehmend nach sozialem Status differenzieren. Die Staatsangehörigkeit ist hierbei nicht ausschlaggebend, aber eben auch nicht die Differenzierung zwischen Unionsbürgern und Drittstaatsangehörigen.

---

26 *Staples*, The Legal Status of Third-Country Nationals, 1999, S. 341 ff. Zur Kritik *Schönberger*, Unionsbürger, 2005, S. 140 ff.; ebenfalls kritisch: *Hailbronner*, Migrationspolitik und Rechte der Drittstaatsangehörigen in der Europäischen Union, ZAR 2002, S. 83 (87); *Laubach*, Bürgerrechte für Ausländer und Ausländerinnen in der Europäischen Union, 1999, S. 252 f.

27 *Schönberger* (Fn. 26), S. 293 ff.

28 Dass eine solche Privilegierung keineswegs zwingend ist zeigt *Schönberger* (Fn. 26), S. 299.

29 *Diego Acosta Arcarazo* bezeichnet den Status der Daueraufenthaltsberechtigten nach Unionsrecht daher sogar als subsidiäre Form der Unionsbürgerschaft. *Ders.*, The Long-Term Residence Status as a Subsidiary Form of EU Citizenship, 2011.

30 *Farahat*, Progressive Inklusion: Zugehörigkeit und Teilhabe im Migrationsrecht, 2014, S. 209 ff., 243 ff.; *Groenendijk*, Citizens and Third Country Nationals: Differential Treatment or Discrimination?, in: Carlier/Coulie (Hg.), L'avenir de la libre circulation des personnes dans l'EU, 2006, S. 79 (100 f.).

IV. Drei Fälle der Stratifikation von Freizügigkeitsrechten in Europa

Freizügigkeit in der EU wird zunehmend von einem Privileg gleicher Unionsbürger zu einem Privileg bestimmter Einwohner der Mitgliedstaaten, die ökonomisch aktiv, sozial abgesichert, gut integriert oder Angehörige bestimmter Berufsgruppen sind. Dies lässt sich anhand von drei Konstellationen zeigen: Der internen Differenzierung der Freizügigkeit zwischen Unionsbürgern (1.), den Freizügigkeitsrechten privilegierter Drittstaatsangehöriger (2.) und der Exklusion von Flüchtlingen und humanitär Schutzberechtigten aus dem Freizügigkeitsregime (3.).

1. Interne Differenzierung der Freizügigkeitsrechte von Unionsbürgern

Die erste Konstellation, in der diese Entwicklung zu beobachten ist, lässt sich als interne Differenzierung charakterisieren. Hier zeigt sich, dass der Schwerpunkt des EuGH sich verlagert hat von der Konturierung und gehaltvollen Gestaltung des „grundlegenden Status“ aller Bürger der Mitgliedstaaten, hin zur Abgrenzung und Ausdifferenzierung dieses Status. Beispielhaft für diese Entwicklung stehen die Urteile in der Rechtssache *Dano* 2014 und in der Rechtssache *Alimanovic* 2015.

Im Fall *Dano* ging es um eine rumänische Staatsangehörige, die über keinerlei Schulabschluss verfügte und gemeinsam mit ihrem Sohn seit einigen Jahren in Deutschland lebte. Frau *Dano* hatte in Deutschland niemals Arbeit gesucht und hätte angesichts ihrer fehlenden sprachlichen und beruflichen Kompetenzen wohl auch niemals Aussicht auf Beschäftigung gehabt. 2011 beantragte sie erfolglos soziale Grundsicherung nach dem SGB II. Das Sozialgericht Leipzig legte dem EuGH die Frage vor, ob der sozialrechtliche Ausschluss von Unionsbürgern von der Grundsicherung unionsrechtskonform ist. Im Fall *Alimanovic* ging es um eine schwedische Staatsangehörige, die in Deutschland mehrmals kurzfristig beschäftigt gewesen war, inzwischen aber seit über sechs Monaten keine Beschäftigung mehr gefunden hatte. Allerdings befand sich Frau *Alimanovic* weiterhin aktiv auf Arbeitssuche. Das Bundessozialgericht legte dem EuGH daher unter anderem die Frage vor, ob ein Ausschluss von der sozialen Grundsicherung, wie ihn das SGB II vorsah, auch dann zulässig ist, wenn die Unionsbürgerin aufgrund der Arbeitssuche ein Aufenthaltsrecht hat.

Der EuGH entschied in *Dano*, dass jedenfalls Unionsbürger, die nur mit dem Ziel in einen anderen Mitgliedstaat reisen, um Sozialleistungen zu beziehen, legitimer Weise von diesen ausgeschlossen werden dürfen. Es sei ein legitimes Ziel, „eine unangemessene Inanspruchnahme" der nationalen Sozialsysteme zu verhindern.[31] Daher dürften Personen von Sozialleistungen ausgeschlossen werden, wenn sie nicht über ein Aufenthaltsrecht nach der Unionsbürgerrichtlinie verfügen. Dieses Aufenthaltsrecht setzt aber bei nicht erwerbstätigen Unionsbürgern gemäß Art. 7 Abs. 1 Buchst. b RL 2004/38/EG[32] voraus, dass die betreffende Person über ausreichende Existenzmittel und Krankenversicherungsschutz verfügt. Diese Voraussetzung liefe nach Ansicht des EuGH leer, wenn die Existenzmittel auch durch den Bezug von Sozialleistungen gesichert werden können.[33] Im Urteil *Alimanovic* baute der EuGH auf dieser Argumentation auf und entschied, dass Unionsbürger nunmehr auch dann vom Sozialleistungsbezug ausgeschlossen werden dürfen, wenn sie arbeitssuchend sind, selbst wenn sie aus diesem Grund ein Aufenthaltsrecht haben.[34] Dies gelte auch für Leistungen, die – neben der Existenzsicherung – die Erleichterung der Arbeitssuche bezwecken.[35] Eine sozialrechtliche Gleichbehandlung sei nur im Zeitraum von sechs Monaten nach der letzten Beschäftigung geboten. Danach seien die Mitgliedstaaten berechtigt, jeglichen Sozialleistungsbezug zu verweigern.[36]

Im Ergebnis bedeutet dies: Das unionsbürgerschaftliche Freizügigkeits- und Aufenthaltsrecht steht nur Personen zu, die ökonomisch aktiv oder ökonomisch abgesichert sind. Man kann an dieser Stelle einwenden, dass diese Einschränkung im Prinzip schon seit Inkrafttreten der Unionsbürgerrichtlinie 2004 galt und erst jetzt vom EuGH judiziert wurde.[37] Dies ist wohl gemeint, wenn davon die Rede ist, dass der EuGH sich nun konse-

---

31 Urteil Dano, C-333/13, EU:C:2014:2358, Rn. 74–78.

32 Richtlinie des Europäischen Parlaments und des Rates über das Recht der Unionsbürger und ihrer Familienangehöriger sich im Hoheitsgebiet der Mitgliedstaaten frei zu bewegen und aufzuhalten, ABl. L 158, S. 77 vom 30.4.2004.

33 Urteil Dano, EU:C:2014:2358, Rn. 79.

34 Urteil Alimanovic, C-67/14. EU:C:2015:597, Rn. 57.

35 Ebd., Rn. 43.

36 Ebd., Rn. 53.

37 Auf die fortbestehende Relevanz ökonomischer Aktivität im Rahmen der Unionbürgerschaft weist *Wollenschläger* (Fn. 3), S. 330 hin. Ähnlich *O'Leary*, The Evolving Concept of Community Citizenship: From Free Movement of Persons to Union Citizenship, 1996, S. 66 f. *Siofra O'Leary* kritisiert, dass die Rechtsprechung des EuGH in Bezug auf die Relevanz ökonomischer Aktivität zur Rechtsunsicherheit über Status der Unionsbürgerschaft beitrage und deren identifikatorisches Potential dadurch gefährde.

quent als „Rechtstechniker“ betätige.[38] Dieser Einwand verkennt aber zwei wesentlichen Veränderungen, die in den Urteilen *Dano* und *Alimanovic* zum Ausdruck kommen. Die erste Veränderung liegt darin, dass der EuGH die Anforderungen des europäischen Sozialkoordinierungsrechts vollständig ignoriert.[39] Letzteres sieht in Form von Art. 4 der VO (EG) Nr. 883/2004/EG[40] einen relativ strikten Gleichbehandlungsanspruch bei besonderen beitragsunabhängigen Leistungen vor und geht vor allem von der Grundidee der lückenlosen Zuordnung der Unionsbürger zu einer Sozialordnung aus.[41] Diese Grundentscheidung geht auf einen politischen Kompromiss zurück, wonach der Wegfall der Leistungsexportpflicht bei sog. Mischleistungen aus Sozialhilfe und Sozialversicherung durch die Gleichbehandlung im Wohnsitzstaat ausgeglichen wird.[42] Dem vom EuGH anerkannten mitgliedstaatlichen Interesse, unverhältnismäßige Belastungen der nationalen Sicherungssysteme zu verhindern, hat das Koordinierungsrecht durch die Gestaltung der Anknüpfungspunkte Rechnung getragen: Art. 11 der Durchführungsverordnung (VO(EG) Nr. 987/2009[43]) etwa nimmt eine Vielzahl von aus der Rechtsprechung bekannten Kriterien zur Ermittlung eines hinreichenden Bezugs zu einem zuständigen Mitgliedstaat in die Definition des Wohnortes auf. Hierzu zählen die Dauer und Kontinuität des Aufenthalts, familiäre Bindungen, die Wohnsituation und die Ausübung einer Beschäftigung. Mit diesen Kriterien soll der

38 So *Thym*, Freizügigkeit als rechtliche Konstruktion – nicht als soziale Imagination, Verfassungsblog vom 12. November 2014, http://www.verfassungsblog.de/eu-freizuegigkeit-als-rechtliche-konstruktion-nicht-als-soziale-imagination/#.Vf_wyN_tlBc (zuletzt eingesehen am 21.09.2015). Grundlegende Kritik an der zunächst weiten Interpretation der sozialen Rechte von Unionsbürgern bei *Hailbronner*, Union Citizenship and Access to Social Benefits, CML Rev. 42 (2005), S. 1245.

39 *Janda*, Ungleichbehandlung im Grundsicherungsrecht: Eine Nachlese zur Rechtssache „Dano“, InfAuslR 2015, S. 108 (109).

40 Verordnung des Europäischen Parlaments und des Rates zur Koordinierung der Systeme der sozialen Sicherheit, ABl. L 166, S. 1 vom 30.4.2004.

41 *Schreiber*, Europäische Sozialrechtskoordinierung und Arbeitslosengeld II-Anspruch, NZS 2012, 647 (651).

42 *Verschueren*, Free Movement or Benefit Tourism: The Unreasonable Burden of Brey, EJML 16 (2014), S. 147 (159 ff., 179).

43 Verordnung des Europäischen Parlaments und des Rates vom 16. September 2009 zur Festlegung der Modalitäten für die Durchführung der Verordnung (EG) Nr. 883/2004 zur Koordinierung der Systeme der sozialen Sicherheit, ABl. L 284, S. 1 vom 30.10.2009.

„Lebensmittelpunkt" von Unionsbürgern[44] faktisch bestimmt werden, ohne dass es auf den jeweiligen aufenthaltsrechtlichen Status ankommt.[45] Liegt der Lebensmittelpunkt im Wohnsitzstaat ist aus der kollisionsrechtlichen Perspektive des Sozialkoordinierungsrechts die Gleichbehandlung von Unionsbürgern geboten.[46] Für eine darüber hinaus gehende Anwendung von Kriterien wie eines „gewissen Grads" an Integration oder einer „hinreichend engen Verbindung"[47] bleibt im Anwendungsbereich des Sozialkoordinierungsrechts daher kein Raum mehr.[48] Auch unter Anwendung dieser Grundsätze wäre es zulässig gewesen, eine Person in der Situation von Frau *Dano* vom Bezug der sozialen Grundsicherung auszuschließen, da sie jenseits der Aufenthaltsdauer kaum ein Argument dafür hätte vorbringen können, dass ihr Lebensmittelpunkt in Deutschland liegt. Das Sozialkoordinierungsrecht geht also wie das unionsbürgerschaftliche Aufenthaltsrecht von der Idee aus, unangemessene Belastungen der sozialen Sicherungssysteme der Mitgliedstaaten zu vermeiden.[49] Es schafft keine Leistungsansprüche, sondern koordiniert diese angesichts grenzüberschreitender Mobilität.

Dennoch standen die Regelungsanliegen des unionsbürgerschaftlichen Aufenthaltsrechts und der Sozialrechtskoordinierung schon immer in einem gewissen Spannungsverhältnis, das im Erfordernis der ausreichenden Existenzmittel zum Ausdruck kam. Dieses Spannungsverhältnis lässt sich darauf zurückführen, dass die Unionsbürgerrichtlinie und die am gleichen Tag erlassene Sozialkoordinierungs-Verordnung jeweils versuchen, die nicht immer kohärente Rechtsprechung des EuGH in diesen Bereichen zu kodifizieren. Allerdings hat sich der Konflikt zwischen den Regelungsan-

---

44 *Devetzi*, Die Verbindung zu einem (Sozial-)Staat: Wann ist der Bund stark genug?, EuR 2014, S. 638 (652).

45 *Schreiber*, Die Bedeutung des Aufenthaltsrechts für die sozialrechtliche Gleichbehandlung von Unionsbürgerinnen und Unionsbürgern, ZAR 2015, S. 46 (49).

46 *Farahat*, Kollisionsrechtliche und Aufenthaltsrechtliche Perspektiven beim Leistungsausschluss von Unionsbürgern nach § 7 Abs. 1 S. 2 Nr. 2 SGB II, NZS 2014, S. 490 (494).

47 So EuGH, *Collins*, Slg. 2004, I-02703, Rn. 29; EuGH, *Vatsouras/Koupatantze*, Slg. 2009, I-04585, Rn. 38.

48 So auch *van Overmeiren/Eichenhofer/Verschuren*, Analytical Study 2011: Social security coverage of non-active persons moving to another member state (2011), 49; http://www.tress-network.org/EUROPEAN%20RESOURCES/EUROPEAN REPORT/TRESS_AnalyticalReport-NonActives_FINAL.pdf (zuletzt eingesehen am 2.6.2015).

49 *Janda* (Fn. 39), S. 111.

liegen zunächst nicht manifestiert, weil sich in der Rechtsprechung das Bemühen erkennen ließ, die Eigenlogik der beiden Regelungsbereiche gleichermaßen ernst zu nehmen und auszutarieren. Für diejenigen Unionsbürger, die ihren Wohnsitz im Sinne des Sozialkoordinierungsrechts in einem Mitgliedstaat haben, besteht ein sozialrechtlicher Gleichbehandlungsanspruch. Der Bezug dieser Sozialleistungen darf nach Art. 14 Abs. 3 RL 2004/38/EG nicht automatisch zum Verlust des Aufenthaltsrechts führen, sondern verlangt eine Abwägung der Umstände im Einzelfall.[50] Dies gilt nach Art. 14 Abs. 4 Buchstabe b RL 2004/38/EG ausdrücklich auch für arbeitssuchende Unionsbürger. Zudem rechtfertigt der Bezug von Sozialleistungen nach der Unionsbürgerrichtlinie nur in bestimmten Fällen überhaupt den Wegfall des Aufenthaltsrechts.[51] Der koordinationsrechtliche Diskriminierungsschutz endete nach dieser Systematik bislang erst nach einer nationalen behördlichen Feststellung des Verlusts des Aufenthaltsrechts.[52] Mit den Urteilen *Dano* und *Alimanovic* macht der EuGH nun aber den koordinationsrechtlichen Gleichbehandlungsanspruch davon abhängig, dass die betreffende Unionsbürgerin ein Aufenthaltsrecht aus Art. 7 RL 2004/38/EG besitzt.[53] Zudem wird eine Prüfung der Umstände des Einzelfalls nicht mehr zwingend verlangt.[54] Die abgestuften Aufenthaltsrechte dieser Vorschrift bieten damit den einzig zuverlässigen Schutz vor sozialer Exklusion. Das bedeutet: Wer seine Erwerbstätigeneigenschaft nach Art. 7 RL 2004/38/EG verliert, kann nunmehr automatisch und ohne Einzelfallprüfung von der sozialrechtlichen Gleichbehandlung ausgeschlossen werden. Damit verliert das Sozialkoordinierungsrecht seine eigenständige kollisionsrechtliche Bedeutung und wird dem Aufenthaltsrecht untergeordnet. Hierin liegt die zweite zentrale Veränderung, die die Urteile *Dano* und *Alimanovic* vornehmen. Diese Veränderung hat auch Folgen für die Arbeitnehmerfreizügigkeit. Bislang hatte der EuGH die Arbeitssuche nämlich als wesentliches Element der Arbeitnehmerfreizügig-

---

50 So bereits nach der alten Rechtslage EuGH, Grzelczyk, Slg. 2001, I-06193, Rn. 43; Trojani, Slg. 2004, I-7573. Nach neuer Rechtslage: Brey, C-140/12, EU:C:2013:565, Rn. 69.

51 Vgl. Art. 14 Abs. 4 RL 2004/38/EG.

52 Ausführlich dargelegt bei *Schreiber* (Fn. 45), S. 46 ff. a.A. *Thym*, Unionsbürgerfreiheit und Aufenthaltsrecht, ZAR 2014, 220 (221 f.).

53 Urteil Alimanovic, EU:C:2015:597, Rn. 50; schwächer im Urteil Dano, EU:C:2014:2358, Rn. 69.

54 Urteil Alimanovic, EU:C:2015:597, Rn. 59.

keit geschützt.[55] Künftig gilt jedoch: Wenn die Mitgliedstaaten von ihrer Möglichkeit zum Leistungsausschluss Gebrauch machen, ist die Arbeitssuche in einem anderen Mitgliedstaat nur noch mit ausreichender finanzieller Absicherung möglich.[56]

Die Urteile *Dano* und *Alimanovic* stellen damit einen Bruch dar in Bezug auf die soziale Dimension der Unionsbürgerschaft.[57] Die lückenlose sozialrechtliche Zuordnung und die Idee prinzipieller Gleichbehandlung werden einer aufenthaltsrechtlichen Logik untergeordnet, die Aufenthaltsrechte grundsätzlich nur für Personen vorsieht, die tendenziell keinen Anspruch auf Sozialleistungen haben. Transnationale Solidarität in der EU wird damit zu einer Funktion der Verbesserung des Wettbewerbs und der ökonomischen Entwicklungschancen. Manche Autoren sehen gar eine „Rückkehr des Marktbürgers" am Horizont aufscheinen.[58] Die Behauptung, die Unionsbürgerschaft könne sich ohne konzeptionellen Bruch durch den Abbau einzelner Rechte in eine Marktbürgerschaft zurückverwandeln, ruht implizit auf dem Gedanken, dass die Unionsbürgerschaft kaum mehr ist als eine „Grundfreiheit ohne Markt".[59] Sie verkennt dabei die politisch und sozial inklusiven Ambitionen, die die Unionsbürgerschaft stets begleitet haben. Wo der soziale Mehrwert der Unionsbürgerschaft als Konzept gleicher Bürgerschaft liegt, ist angesichts der jüngsten Betonung der umfassenden ökonomischen Abhängigkeit des Freizügigkeitsrechts der Unionsbürger zunehmend unklar.[60] Die Unionsbürgerschaft kann in diesem Lichte weniger als der „grundlegende Status" aller Uni-

---

55 Prägnant EuGH, *Collins* (Fn. 47); EuGH *Vatsouras/Koupatantze* (Fn. 47).

56 Auf den Umstand, dass der EuGH die Vereinbarkeit mit der Arbeitnehmerfreizügigkeit im Urteil *Alimanovic* gar nicht erst geprüft hat, weist *Thorsten Kingreen* hin. *Kingreen*, In love with the single market? Die Entscheidung Alimanovic zum Ausschluss von Unionsbürgern von den sozialen Grundsicherungsleistungen, NVwZ 2015, 1503 (1505).

57 Zur Idee einer aus der Rechtsprechung des EuGH entwickelten europäischen Sozialbürgerschaft: *Kingreen*, Migration und soziale Rechte, 2010, S. 24.

58 *Thym*, Die Rückkehr des „Marktbürgers": Zum Ausschluss nichterwerbsfähiger EU-Bürger von Hartz IV-Leistungen, NJW 2015, 130.

59 Zu dieser Konzeption *Wollenschläger* (Fn. 3).

60 Eine differenzierte und zurückhaltende Einschätzung bereits zur früheren Rechtsprechung zur sozialen Dimension der Unionsbürgerschaft findet sich bei *Rabenschlag* (Fn. 6), S. 292 ff. *David Rabenschlag* betont insbesondere die Legitimitätsgrenzen einer richterrechtlich geprägten Sozialbürgerschaft in Europa (S. 296 ff.).

onsbürger verstanden werden, sondern muss als der privilegierte Status der sozial abgesicherten Unionsbürger bezeichnet werden.

2. Freizügigkeitsrechte von privilegierten Drittstaatsangehörigen

Die zweite Konstellation der Stratifikation des Freizügigkeitsrechts in der Union lässt sich als Freizügigkeit privilegierter Drittstaatsangehöriger beschreiben. Während die erste Konstellation die Frage betraf, ob das Freizügigkeitsrecht noch ein Recht aller Unionsbürger ist, geht es hier darum, ob Freizügigkeit ein exklusives Privileg von Unionsbürgern ist. Ein genauer Blick auf die Rechtslage zeigt: Das ist nicht der Fall. Freizügigkeitsrechte haben in der EU schon seit längerem auch Drittstaatsangehörige, wenn sie bestimmte Kriterien erfüllen. Im Sinne einer inklusiven Einwanderungspolitik gilt das insbesondere für die Inhaber einer Daueraufenthaltserlaubnis-EU.[61] Auf diesen Titel haben Personen Anspruch, die sich seit fünf Jahren ununterbrochen rechtmäßig in einem Mitgliedstaat aufhalten, vorausgesetzt, sie verfügen über „feste und regelmäßige Einkünfte, die ohne Inanspruchnahme der Sozialhilfeleistungen des betreffenden Mitgliedstaates für seinen eigenen Lebensunterhalt und den seiner Familienangehörigen ausreichen".[62] Ähnlich der Einkommenskriterien bei der Erteilung einer Niederlassungserlaubnis nach deutschem Recht ergänzen hier ökonomische Kriterien die inklusive Stoßrichtung der Regelung.[63] Diese liegt darin, gut integrierte langfristig in Europa lebende Migranten mit einem verfestigten Aufenthaltsstatus auszustatten. Die Daueraufenthaltsrichtlinie begünstigt also besonders gut integrierte Drittstaatsangehörige und bezieht diese in das Freizügigkeitsregime ein. Inhaber des Daueraufenthaltsrechts-EU genießen grundsätzlich Freizügigkeit innerhalb der Union zum Zweck der Erwerbstätigkeit oder selbständigen Tätigkeit, der

---

61 Richtlinie 2003/109/EG des Rates betreffend die Rechtsstellung der langfristig aufenthaltsberechtigten Drittstaatsangehörigen, ABl. L 16, S. 44 vom 23.1.2004. In den Anwendungsbereich dieser Richtlinie sind inzwischen auch Flüchtlinge einbezogen, Richtlinie 2011/51/EU des EP und des Rates zur Änderung der Richtlinie 2003/109/EG des Rates zur Erweiterung ihres Anwendungsbereichs auf Personen, die internationalen Schutz genießen, ABl. L 132, S. 1 vom 19.5.2011.

62 Art. 5 Abs. 1 lit. a) RL 2003/109/EG; § 9a Abs. 2 Nr. 2 AufenthG.

63 Dies gilt grundsätzlich auch für Flüchtlinge, *Peers*, Transfer of International Protection and EU Law, IJRL 24 (2012), S. 527 (545).

Absolvierung eines Studiums oder einer Ausbildung und für sonstige Zwecke. Allerdings verbleibt den Mitgliedstaaten die Möglichkeit, einen Arbeitsmarktvorrang für Unionsbürger und eigene Staatsangehörige beizubehalten und von den Inhabern der Daueraufenthaltserlaubnis-EU die Erfüllung von Integrationsanforderungen zu verlangen.[64] Gleichwohl und auch trotz der für den Erwerb geforderten ökonomischen Voraussetzungen, kann man im Daueraufenthaltsrecht-EU eine inklusive Absicht erkennen.[65] Die Inklusion langfristig in Europa lebender Drittstaatsangehöriger steht im Vordergrund und wird vor allem dadurch gestärkt, dass nach Erwerb dieser Rechtsposition die grenzüberschreitende Mobilität erleichtert wird.[66] Dadurch wird die territoriale Zuordnung, die der Aufenthaltstitel zum Ausdruck bringt, ein Stück weit vom Erfordernis der territorialen Präsenz entkoppelt, was eine Annäherung dieses Aufenthaltsstatus an die Freizügigkeitsrechte von Unionsbürgern bewirkt.[67]

Sozio-ökonomische Erwägungen stehen dagegen bei einigen neueren Regelungen bezüglich weiterer Gruppen von Drittstaatsangehörigen im Vordergrund. Die so genannte ICT-Richtlinie verleiht unternehmensintern entsandten Arbeitnehmern innerhalb der EU besondere Freizügigkeitsrechte. Hier geht es ausweislich der Erwägungsgründe um die „optimale Nutzung von Humanressourcen" und die Förderung von „Innovationen

---

64 Einige Autoren sehen darin eine erhebliche Begrenzung der Rechtsposition von Daueraufenthaltsberechtigen, *Skordas*, Immigration and the Market: The Long Term Residence Directive, Columbia Journal of European Law, 13 (2006), S. 201 (203); *Kocharov*, What Intra-Community Mobility for Third Country Workers?, EL Rev. 33 (2008), S. 912 (925 f.); *Iglesias Sanchez*, Free Movement of Third Country Nationals in the European Union?, ELJ 15 (2009), S. 791 (801 ff.).

65 Zum begrenzt inklusiven Gehalt der Regelung *Farahat* (Fn. 30), S. 176 ff. Im Ergebnis ähnlich *Groenendijk*, The Long-Term Residents Directive, Denizenship and Integration, in: Baldaccini/Guild/Toner (Hg.), Whose Freedom, Security and Justice? EU Immigration and Asylum Law and Policy, 2007, S. 429 (449 f.), der trotz Kritik an den möglichen nationalen Einschränkungen des Freizügigkeitsrechts in Daueraufenthaltsrecht-EG eine „important symbolic message" sieht, die darin besteht, dass diese Drittstaatsangehörigen sich nunmehr dauerhaft in den Mitgliedstaaten der EU aufhalten dürfen und dort Gleichbehandlung mit den Staatsangehörigen genießen.

66 Skeptisch: *Skordas* (Fn. 64); *Kocharov* (Fn. 64); *Iglesias Sanchez* (Fn. 64); *Guild*, The Legal Elements of European Identity, 2004, S. 233 f.

67 *Farahat* (Fn. 30), S. 180 ff. Zu den gleichwohl bestehenden Unterschieden zwischen beiden Rechtspositionen *Acosta Arcarazo* (Fn. 29), S. 144 f.; *Iglesias Sanchez* (Fn. 64), S. 799 ff.

und größeren ökonomischen Möglichkeiten".[68] Die Richtlinie sieht das Recht auf eine befristete Entsendung zum Zweck der Realisierung einer beruflichen Tätigkeit oder zu Schulungszwecken in einem anderen Mitgliedstaat vor. Begünstigt sind von dieser Richtlinie allerdings lediglich Führungs- und Fachkräfte sowie Trainees.[69] Erfasst werden also in erster Linie Personen mit hohem Qualifikationsniveau, spezifischen Kenntnissen und einer gewissen Berufserfahrung, die unternehmensintern für die Dauer von maximal drei Jahren (ein Jahr bei Trainees) aus einem Drittstaat in das Gebiet der Mitgliedstaaten entsandt werden.[70] Diese Personen haben nach der Richtlinie Anspruch auf Freizügigkeit innerhalb der EU,[71] wobei der zweite Mitgliedstaat aber Nachweise über die jeweilige Tätigkeit im zweiten Mitgliedstaat sowie über ausreichenden Krankenversicherungsschutz verlangen darf. Die innereuropäischen Mobilitätsrechte dieser Gruppe von Drittstaatsangehörigen werden also deutlich erweitert.[72] Insbesondere erhalten die so genannten *Intra-Corporate Transferees* einen umfangreichen Gleichbehandlungsanspruch nach Art. 18 der ICT-Richtlinie, der sich auf die Leistungen der sozialen Sicherheit und die Exportierbarkeit erworbener Rentenansprüche bezieht. Auch ein Recht auf Familiennachzug normiert Art. 19 ICT-Richtlinie sowohl für den „ersten" als auch für den „zweiten" Mitgliedstaat.

Die Regelungen der ICT-Richtlinie gehen in Bezug auf die innereuropäischen Mobilitätsrechte deutlich über die Ansprüche hinaus, die in der so genannten *Blue Card*-Richtlinie 2009 für besonders hochqualifizierte

---

68 Richtlinie 2014/66/EU des Europäischen Parlaments und des Rates über die Bedingungen und die Einreise und den Aufenthalt von Drittstaatsangehörigen im Rahmen eines unternehmensinternen Transfers, ABl. L 157, S. 1 vom 27.5.2014, Erwägungsgrund Nr. 6.

69 Art. 2 Abs. 1 Richtlinie 2014/66/EU (Fn. 68).

70 Art. 12 Abs. 1 Richtlinie 2014/66/EU (Fn. 68).

71 Art. 22 Abs. 1 Richtlinie 2014/66/EU (Fn. 68) betrifft die langfristige Mobilität von mehr als 90 Tagen. Art. 21 der Richtlinie regelt dagegen die Bedingungen kurzfristiger Mobilität von bis zu 90 Tagen innerhalb eines Zeitraums von 180 Tagen.

72 *Klaus*, Die ICT-Richtlinie: Ende einer europäischen Odyssee, ZAR 2015, S. 1 (7); zurückhaltender in der Bewertung: *Peers/Guild/Acosta Arcarazo/ Groenendijk/Moreno Lax*, EU Immigration and Asylum Law, 2. Aufl., Bd. II, 2012, S. 101.

Arbeitnehmer vorgesehen sind.[73] Dabei ist jedoch zu beachten, dass die *Blue Card*-Richtlinie noch unter dem Erfordernis der Einstimmigkeit im Rat zustande kam. Unter dem nunmehr geltenden Erfordernis der qualifizierten Mehrheit wären möglicherweise auch im Bereich der innereuropäischen Mobilität von Hochqualifizierten nach der *Blue Card*-Richtlinie günstigeren Rechtspositionen durchsetzungsfähig gewesen. In der jetzigen Fassung genießen die Inhaber der *Blue Card* zwar ein Recht auf Freizügigkeit, können aber im zweiten Mitgliedstaat nur dann eine äquivalente Rechtsposition erwerben, wenn sie dort ein Prüfungsverfahren durchlaufen haben.[74] Dabei darf der zweite Mitgliedstaat die Ausübung der Erwerbstätigkeit von einer vorherigen Genehmigung abhängig machen. Diese Freizügigkeit ist nicht mit der von Unionsbürgern, Daueraufenthaltsberechtigten und *Intra-Corporate Transferees* vergleichbar. Gleichwohl stellt sie eine Erleichterung dar, die die Mobilität von Drittstaatsangehörigen zum Zwecke der Behebung des Fachkräftemangels erleichtern soll.[75] Die Erleichterung der innereuropäischen Mobilität folgt auch hier explizit einer ökonomischen Rationalität.

Die genannten Beispiele dokumentieren, dass das Freizügigkeitsrecht heute kein exklusives Privileg der Unionsbürger ist. Es steht zum einen aufgrund inklusiver Motive besonders gut integrierten und ökonomisch abgesicherten Drittstaatsangehörigen zu. Zum anderen wird es für besonders qualifizierte und gut bezahlte Drittstaatsangehörige sowie Angehörige bestimmter Berufsgruppen geöffnet, um deren Migration in die EU anzuregen und innerhalb der Union zu einer optimalen Nutzung der Ressourcen beizutragen.

3. Der Ausschluss von Flüchtlingen und humanitär Schutzsuchenden aus dem Freizügigkeitsregime

Die dritte und letzte Konstellation, die die Stratifikation der Freizügigkeitsrechte in der Union belegt, ist die fortdauernde Exklusion schutzsuchender Migranten vom Freizügigkeitsrecht. Damit ist das Problem der

73 Richtlinie 2009/50/EG des Rates über die Bedingungen für die Einreise und den Aufenthalt von Drittstaatsangehörigen zur Ausübung einer hochqualifizierten Beschäftigung, ABl. L 155, S. 17 vom 18.6.2009.

74 Art. 18 Richtlinie 2009/50/EG (Fn. 73).

75 Richtlinie 2009/50/EG (Fn. 73), Erwägungsgrund Nr. 15 und 21.

Zuständigkeit der Mitgliedstaaten für Asylverfahren im Rahmen des sog. Dublin-Systems angesprochen. Grundsätzlich ist der Mitgliedstaat zuständig für die Durchführung des Asylverfahrens, in den ein schutzsuchender Drittstaatsangehöriger zum ersten Mal in den Schengen-Raum einreist. Diese Grundregel gilt mit wenigen Einschränkungen hinsichtlich der Zusammenführung von Familienangehörigen auch nach der letzten Novelle.[76] Diese Rechtslage gilt unbeschadet aktueller Vollzugsprobleme und -aussetzungen. Das grundlegende Problem des Dublin-System lag und liegt in folgendem Zusammenhang: Da anerkannte Flüchtlinge innerhalb der Union keine Freizügigkeit genießen, führt das Dublin-System de facto dazu, dass diejenigen Mitgliedstaaten, in denen das Asylverfahren durchgeführt wird, auch langfristig der Aufenthaltsstaat der Schutzberechtigten bleiben. Es wird also nicht allein die Verantwortung für die administrative Abwicklung des harmonisierten europäischen Asylverfahrens an die Außengrenzen delegiert, sondern auch die Verantwortung für die langfristige ökonomische und soziale Integration der international Schutzberechtigten.[77] Auf diese Weise setzt das System Anreize dafür, in den Staaten der Ersteinreise möglichst wenig ankommende Schutzsuchende administrativ zu erfassen, damit diese in andere Mitgliedstaaten weiterwandern und dort ihre Chance auf Durchführung eines Asylverfahrens suchen können. Um die ungleichen Verteilungseffekte des Dublin-Systems und die kontraproduktive Anreizstruktur zu überwinden, wurde in der Literatur vorgeschlagen, anerkannte Flüchtlinge innerhalb der EU grundsätzlich mit einem Freizügigkeitsrecht in Anlehnung an die Unionsbürgerschaft auszustatten.[78] Anerkannte Flüchtlinge könnten dann entsprechend ihrer individuellen Präferenzen entscheiden, ob sie im Ankunftsstaat bleiben möchten oder in einen anderen Staat weiterwandern wollen.[79] Zum Teil wird dar-

76 *Lübbe*, Das Verbindungsprinzip im fragmentierten europäischen Asylraum, EuR 2015, S. 351.

77 *Bast*, Solidarität im europäischen Einwanderungs- und Asylrecht, in: Kadelbach (Hg.), Solidarität als Europäisches Rechtsprinzip?, 2014, S. 19 (25, 30).

78 *Bast* (Fn. 77), S. 30 f. Eine an bestimmte Kriterien geknüpfte und gestufte Freizügigkeit für international Schutzberechtigte schlägt *Peers* (Fn. 63), S. 557 ff. vor.

79 Es spricht viel dafür, in Vorschläge zur Regelung der innereuropäischen Mobilität von Flüchtlingen auch subsidiär Schutzberechtigte einzubeziehen, d.h. alle Personen, die im Sinne von Art. 2 lit. a) der EU-Qualifikationsrichtlinie (RL/2011/95/EG, ABl. L 337, S. 9 vom 20.12.2011), international Schutzberech-

über hinaus vorgeschlagen, das Asylverfahren in dem Mitgliedstaat durchzuführen, zu dem ein Schutzsuchender persönliche Verbindungen hat oder eine vollständig freie Asylwahl zuzulassen.[80] Diese Vorschläge hätten zur Folge, dass die Mitgliedstaaten der ersten Einreise nicht mehr die alleinige Verantwortung für die dauerhafte Integration der Flüchtlinge tragen würden. Zudem könnte den individuellen Verbindungen Schutzberechtigter bzw. Schutzsuchender zu den jeweiligen Mitgliedstaaten Rechnung getragen werden. Im Vergleich zu den von der Kommission vorgelegten Plänen zu einem europaweiten Verteilungsschlüssel unter Berücksichtigung ökonomischer und sozialer Kriterien[81] hätte die Freizügigkeit schutzberechtigter bzw. schutzsuchender Migranten zugleich den Vorzug, eine individualrechtliche Lösung anzubieten. Diese wäre gegenüber dem regulativ angelegten Verteilungsschlüssel mit deutlich geringerem administrativem Aufwand verbunden.

Es ist gleichwohl unwahrscheinlich, dass sich einer dieser Vorschläge gegenwärtig politisch durchsetzen lässt.[82] Die Integration schutzberechtigter Migranten wird im politischen Diskurs um die europäische Flüchtlingspolitik fast ausschließlich als ökonomische Belastung gesehen.[83] Einer freizügigkeitsrechtlichen Lösung der gemeinsamen europäischen Verantwortung für Flüchtlinge haftet dagegen der Makel an, unerwünschte Migrationsanreize zu verstärken. Die Vorstellung, dass die relativ ausgebauten europäischen Sozialsysteme insbesondere in den wohlhabenderen Mitgliedstaaten eine Sogwirkung entfalten könnten, basiert jedoch auf allzu simplen Annahmen über die Migrationsmotive von Flüchtlingen. Faktoren wie Sprache, Familie und soziale Bindungen werden dagegen weitgehend ausgeklammert.[84] Darüber hinaus liegt das Problem der gegenwär-

---

tig sind. Dazu *Peers* (Fn. 63), S. 556 f. mit Bezug auf die Position von daueraufenthaltsberechtigten Schutzberechtigten.

80 *Lübbe* (Fn. 76), 363 ff.

81 A European Agenda on Migration, COM (2015)240 final, S. 4.

82 *Lübbe* (Fn. 76), S. 364.

83 Vgl. nur die Übersicht der Tagesschau vom 28.5.2015, http://www.tagesschau.de/ausland/fluechtlinge-eu-quoten-101.html (zuletzt eingesehen am 21.09.2015) und „EU-Kommission will Zehntausende Flüchtlinge umsiedeln, Die Zeit vom 27.5.2015, http://www.zeit.de/politik/2015-05/fluechtlinge-eu-verteilung (zuletzt eingesehen am 21.09.2015).

84 Dass die Annahmen über eine simple Anreizstruktur von der Migrationsforschung nicht bestätig werden zeigen *Massey u.a.*, Theories of International Migration, Population and Development Review 19 (1993), S. 431.

tigen Perspektive auf das europäische Flüchtlingsrecht darin, dass Fragen der Migrationspolitik auch im Bereich des humanitären Schutzes zunehmend aus ökonomischer Sicht betrachtet werden. Flüchtlinge gelten als bedürftig, weshalb ein inner-europäisches Freizügigkeitsrecht für sie von vorneherein nicht in Betracht gezogen wird. Dabei ist die Annahme, es handle sich bei Flüchtlingen stets um Migranten, die primär an Sozialleistungen interessiert sind und nicht für eine Integration in den Arbeitsmarkt qualifiziert sind, empirisch gleichfalls unbelegt.[85]

Vom Freizügigkeitsregime ausgeschlossen bleiben also jene Drittstaatsangehörigen, deren Einreise durch Schutzbedürftigkeit motiviert ist, sofern sie nicht als anerkannte Flüchtlinge ausreichend integriert sind, um in den Genuss eines Daueraufenthaltsrechts-EU zu kommen. Freizügigkeitsrechte werden in Bezug auf die europäische Flüchtlingspolitik primär ökonomisch-funktional betrachtet und bewertet. Eine andere Funktionslogik, etwa die der transnationalen Solidarität oder der möglichst schnellen und umfassenden Inklusion von Flüchtlingen wird dabei nicht in Erwägung gezogen. Der Kreis schließt sich damit: Freizügigkeit ist im Unionsrecht derzeit ein Recht, das primär ökonomischen Erwägungen folgt. Demzufolge wird seine Gewähr nach sozialem Status differenziert. Voraussetzung für ein Freizügigkeitsrecht ist zumindest die ökonomische Neutralität der damit verbundenen Grenzüberschreitung: Es dürfen keine Lasten für den anderen Mitgliedstaat entstehen. Darüber hinaus wird Freizügigkeit an die Zugehörigkeit zu einer bestimmten Berufsgruppe, das Einkommen, das Ausbildungsniveau, den Grad an Integration und die Motivation zur Migration gekoppelt. Diese Stratifikation des Freizügigkeitsrechts beruht auf einer ökonomischen Rationalität: Freizügigkeit bestimmter Individuen ist in dieser Perspektive lediglich ein Instrument zur optimalen Ressourcenallokation innerhalb der EU.

Um keine Missverständnisse entstehen zu lassen: Es ist mit dem bürgerschaftlichen Charakter der Unionsbürgerschaft durchaus vereinbar, Rechte der Unionsbürger auch Drittstaatsangehörigen zu gewähren, weil man diese Inklusion sozial, ökonomisch oder menschenrechtlich für geboten hält. Der bürgerschaftliche Charakter verlangt nicht den dauerhaften Schutz exklusiver Privilegien. Problematisch wird die hier skizzierte Ent-

85 Eine jüngst veröffentlichte Studie der Bertelsmann-Stiftung sieht die Hindernisse beim Arbeitsmarktzugang vielmehr in gesetzlichen Vorrangregelungen und zu langer Verfahrensdauer, *Bertelsmann-Stiftung*, Humanität, Effektivität, Selbstbestimmung, 2015, S. 21 ff.

wicklung mit Blick auf den bürgerschaftlichen Charakter der Unionsbürgerschaft aus einem anderen Grund: Das Problem liegt darin, dass bürgerschaftliche Rechte einer ökonomischen Rationalität unterworfen werden. Nach innen wird dadurch ein grundlegendes Charakteristikum moderner Bürgerschaft untergraben, nämlich die Idee gleicher Freiheit. Nach außen führt diese Entwicklung zwar einerseits zur Inklusion von Drittstaatsangehören, andererseits aber dazu, dass die Rechtsposition besonders (schutz-)bedürftiger Migranten aus dem Blickfeld gerät. Bürgerrechte und Menschenrechte werden durch die Stratifikation des Freizügigkeitsrechts relativiert. Diese Entwicklung im Freizügigkeitsrecht verläuft parallel zu einem umfassenderen Trend, bürgerschaftliche Rechte an ökonomische Selektionskriterien zu knüpfen.[86] Manche Autoren sprechen daher von einem „*red-carpet treatment*" für ökonomisch gut situierte und daher attraktive Migranten und künftige Staatsbürger.[87] Dabei geht es primär um eine wettbewerbsorientierte Ausrichtung der Migrationspolitik.[88] Migration wird dann zu einem Privileg gut situierter und begehrter Migranten, während die menschenrechtliche Fundierung des Flüchtlingsschutzes im Lichte ökonomischer Rationalität zu erodieren droht.

86 Hierunter fallen etwa Modelle, wonach die Staatsangehörigkeit käuflich erworben werden kann, aber auch die schnelle und unbürokratische Einbürgerung von Spitzensportlern oder anderen „Leistungsträgern".

87 *Shachar/Hirschl*, On Citizenship, States, and Markets, The Journal of Political Philosophy, 22 (2014), S. 231. *Ayelet Shachar* und *Ran Hirschl* untersuchen die Möglichkeiten des käuflichen Erwerbs von Staatsangehörigkeiten („transactional citizenship", S. 249) sowie die privilegierten Einwanderungsmöglichkeiten gut ausgebildeter oder wohlhabender Migranten.

88 Im Sinne eines „Wettbewerbs um die besten Köpfe", dazu *Shachar/Hirschl* (Fn. 87), S. 239 ff.

Autorenverzeichnis

Farahat, Anuscheh	Dr. iur., LL.M. (Berkeley), Max-Planck-Institut für ausländisches öffentliches Recht und Völkerrecht Heidelberg
Kadelbach, Stefan	Prof. Dr., LL.M. (University of Virginia), Goethe-Universität Frankfurt am Main
Maultzsch, Felix	Prof. Dr., LL.M. (NYU), Goethe-Universität Frankfurt am Main
Reimer, Ekkehart	Prof. Dr., Ruprecht-Karls-Universität Heidelberg
Waas, Bernd	Prof. Dr., Goethe-Universität Frankfurt am Main

FSC
www.fsc.org
MIX
Papier | Fördert gute Waldnutzung
FSC® C083411

Kolibri 360 GmbH
Ferdinand-Jühlke-Straße 7
99095 Erfurt, Deutschland
produktsicherheit@kolibri360.de